소네트집

소네트집
Sonnets

윌리엄 셰익스피어 연작시집 박우수 옮김

SONNETS
by WILLIAM SHAKESPEARE (1609)

이 책은 실로 꿰매어 제본하는 정통적인 사철 방식으로 만들어졌습니다.
사철 방식으로 제본 된 책은 오랫동안 보관해도 손상되지 않습니다.

뒤에 나오는 이 소네트들의
유일한 아버지인
W. H.[1] 씨에게
영원히 살아 있는 우리의 시인이
약속한
행복과 불멸이 있기를
출간에 있어
만사형통하기를 바라는
출판업자

T. T.[2]

1 헌사를 받은 W. H.의 정체는 소네트 곳곳에 등장하는 〈검은 여인〉과 함께 셰익스피어 연구자들에게 지금까지도 논란의 대상 내지 수수께끼로 남아 있다. W. H.의 유력한 후보들로는 사우샘프턴 백작인 헨리 리즐리Henry Wriothesley(셰익스피어가 설화 시 「비너스와 아도니스」, 「루크리스의 겁탈」을 헌정한 인물)와 펨브로크 백작인 윌리엄 허버트William Herbert를 들 수 있는데 이런 추측은 사실 별로 설득력이 없다. 평민에게 붙이는 〈Mr.〉라는 칭호가 붙어 있기 때문이다. 따라서 일부에서는 이곳의 W. H.를 W. S.(William Shakespeare)의 오식으로 보기도 한다.
2 이 소네트집의 출판업자인 토머스 소프Thomas Thorpe.

소네트집

9

역자 해설
감각의 잔치 — 셰익스피어의 『소네트집』

163

윌리엄 셰익스피어 연보

189

1

더없이 아름다운 것들로부터 우리는 증식을 바란다,
그리하여 미의 장미 결코 시들지 않고
무르익은 것들 시간 좇아 사그라질 때
그 나어린 자식이 아비의 기억 간직할 수 있도록.
그러나 자신의 빛나는 두 눈과 언약 맺은[1] 그대는
스스로를 연료 삼아 불꽃 사르며[2]
풍요로움을 기근으로,
스스로를 그토록 무참한 적으로 만드는구나.
지금 이 세상의 참신한 장식이요
화려한 봄철의 유일한 전령인 그대가
자기만의 봉오리 속에 스스로의 정자 매장하고,[3]
아, 사랑스러운 어리석은 이여, 아끼느라 허비하다니.
   세상을 동정하라, 아니면 그대 무덤가에서
   이 세상에 진 빚[4] 먹어 치우는 탐식가나 돼라.

1 스스로의 미모에 반해 자애에 빠진 나르시스에 대한 인유.
2 이성 간의 성행위가 아닌, 자위행위로 성적 만족을 찾고 있다는 암시.
 3 〈정자〉로 번역한 것의 원문은 *thy content*이다. *content*는 〈그대가 스스로 안에 품고 있는 것〉, 즉 자식을 낳아 아비가 될 가능성을 의미함과 동시에 〈그대의 만족〉, 즉 자위행위라는 의미를 함축한다. 셰익스피어 시대에는 여성의 자궁을 의미하는 *cunt*를 암시하는 속어로 사용되기도 했는데, 이에 따라 청춘의 꽃봉오리 속에 자신의 정자를 붓고 있는 이미지는 자위행위에 의한 정기 낭비의 의미로 이어진다.
 4 이 세상에 태어나서 자식을 낳고 가야 할 의무.

2

마흔 번의 겨울이 그대 이마 포위하여
그 아름다운 들판에 깊은 참호 팔 때,
지금은 뭇 사람들 눈길 끄는 그대 화려한 의상[5]
무가치한 넝마로 변하리라.
그때 그대 온갖 아름다움 다 어디로 갔느냐고
그대 무성한 청춘의 보물 다 어디 있느냐고 누가 묻거든
해골처럼 팬 그대 두 눈 속에 있다고 대답함은
만사를 소진하는 게걸스러운 치욕[6]이요, 무익한 칭찬이라.
〈이 잘생긴 내 자식 놈이 내 종합 계산서요
내 늙음의 구실이외다〉라고 그대 대답할 수 있다면
그 아름다움 선용했다고 얼마나 칭찬 자자하랴,
자식의 미모 그대의 유산임을 증명하리니.
   이것이 그대 늙었을 때 회춘하는 방법이요,
   그대 피 식었을 때 다시 덥히는 방법이리니.

---

5 젊은이의 잘생긴 외모.
6 〈치욕〉으로 번역한 *shame*은 속어로 여성의 자궁을 의미하기도 한다. 따라서 자위행위로 자신의 정기를 소진시켜 해골을 연상시킬 정도로 늙고 수척한 젊은이의 늙은 모습을 나타낸다. 또한 죽음의 이미지이기도 하다.

3

거울을 들여다보고 그대 쳐다보는 그 얼굴에게 말해 주오,
이제는 닮은꼴을 만들어야 할 때라고.
그의 젊음 그대가 지금 소생시키지 않는다면
그것은 세상 기만하며 한 여인의 어미 될 축복 앗아 가는 것.
그대 부지런한 밭갈이를 마다할
여인의 미간지 자궁 어디 있단 말이오?
자애의 무덤 때문에 대 끊어 놓는
어리석은 남자 또 누가 있단 말이오?
그대는 어머니의 거울이니 그녀는 그대 가운데서
자기 아름다웠던 청춘의 4월 돌이킨다오.
그대도 노년의 유리창[7] 통해
이마의 주름 너머로 그대의 이 황금기 보게 될 것이오.
    그러나 그대가 세상에서 잊히길 원할진대
    독신으로 죽으시오.[8] 그대 이미지 함께 죽어 사라지도록.

---

7 노인의 두 눈과 그 눈을 통하여 바라보는 자식의 모습.
8 〈죽으시오〉로 번역한 *die*에는 〈성적인 절정에 이르다〉라는 뜻도 있다. 따라서 혼자, 즉 자위행위로 성적 만족을 얻으라는 의미도 함축한다.

4

무익한 사랑이여, 그대 어이하여
미의 유산 자신에게 소진시키는가?[9]
그 선물 자연이 다만 빌려 주는 것일 뿐.
관대한 자연은 관대한 자에게만 빌려 주는 법.
그럴진대, 아름다운 수전노여,
나누라고 받은 넉넉한 선물 그대 왜 악용하는가?
무익한 고리대금업자[10]여, 그토록 엄청난 대금 탕진하면서
어찌하여 생계도 못 꾸린단 말인가?[11]
오로지 자신과만 교제함으로써
그대 달콤한 자신 기만하는구나.
그렇다면 자연이 세상 떠나오라고 그대 부를 때
어떤 합당한 계산서 남길 예정인가?
  쓰지 않은 미모 그대의 그대와 함께 묻히리라,
  써먹었던들 살아서 그대의 유언 집행자 되었을 것을.

---

9 자위행위에 의한 사정을 암시한다.
10 르네상스 시대에 고리대금업은 흔히 근친상간의 이미지로 묘사되었다. 이곳에서는 자기애의 상징이다.
11 〈수지를 맞춘다〉는 뜻 외에 〈자손을 낳아 대를 잇는다〉는 의미도 포함한다.

5

뭇 사람들 눈길 머무는 그 사랑스러운 모습
고귀한 솜씨로 빚어 놓은 시간들이,
이번에는 자신들 작품 향한 폭군 되어
미려한 그 모습 추하게 만들어 버리리라.
결코 쉬는 법 없는 시간은
여름을 무참한 겨울로 몰고 가 파괴해 버리니.
수액은 서리에 마르고, 무성한 나뭇잎들 다 져버려
아름다움은 눈으로 뒤덮인 채 천지간에 온통 황량함뿐.
그 겨울에 여름의 정수가
유리 벽 속에 감금된 액체의 포로[12]로 남겨지지 않았던들
미의 산물은 아름다움 빼앗겨
그 자체도, 그에 대한 기억도 남아 있지 않았으리라.
   그러나 정제된 꽃들은 겨울 만나도
   겉모습만 잃을 뿐 본질은 늘 향기로우리.

---

12 여름 꽃들을 향수로 만들어 유리병에 저장하면 겨울이 와도 여전히 향기롭다.

6

그러하니 그대 증류되기도 전에
겨울의 거친 손이 그대 안의 여름 짓밟지 못하게 하오.
자멸하기 전에 향기로운 향수병 채워
미의 보물 가진 그대, 한곳을 풍요롭게 하오.[13]
기꺼이 부채 갚는 사람 행복하게 하는 돈놀이는
금지된 고리대금업 아닌 법.
그 거래는 그대 위해 또 다른 그대 만드는 일.
아니면 하나 주고 열 개 받는 열 배나 행복한 일.
열 배의 열 개가 그대 빼어 닮는다면
그대 지금보다 열 배는 다행스러운 사람.
그대 살아 있는 자신 후손 가운데 남기고 떠날진대
죽음이 무엇 할 수 있으리?
   고집일랑 부리지 마오. 죽음의 포로 되어
   구더기 자손 삼기엔 너무나 아름다운 이여.

---

13 둥근 향수병과 여성의 자궁을 동일시하여 임신으로 배가 부풀어 오르는 것을 증식의 이미지로 발전시키고 있다.

7

보라, 아름다운 태양이 동쪽 하늘에
타오르는 머리 쳐들 때에, 모든 지상의 눈들
새롭게 떠오르는 그 모습 경배하고
그 신성한 위엄 바라보며 섬기는 것을.
가파른 언덕 위로 치솟은 태양
중년의 힘센 청년 닮았기에
바라보는 눈들 늘 태양의 광휘 찬양하며
그 황금빛 순례 좇아 시중드네.
그러나 가장 높은 중천에서 지친 마차 몰고
노인처럼 하늘에서 물러날 때
얼마 전까지도 예의 갖추던 눈들
이제 태양의 궤도에서 눈 돌려 다른 곳 보네.
   그대의 한낮[14] 가운데서 뒤노는[15] 그대 또한
   아들[16] 낳지 못한다면 봐주는 눈길 없이 죽으리.

---

14 〈정오〉는 성적으로 왕성한 상태, 즉 남성의 발기한 상태를 의미하기도 한다.
15 〈뒤논다〉는 표현은 성적으로 방종한 상태나, 정기를 소진하고 있다는 의미이다.
16 *sun*(태양)과 *son*(아들)의 발음이 유사함을 이용한 말장난이다.

8

그대, 들려줄 음악이여,[17] 어째서 음악을 슬프게 듣고 있나요?
감미로움은 감미로움과 다투지 않고,
기쁨은 기쁨 가운데 즐거워하는 것을.
어째서 그대 즐거이 받아들일 수 없는 것 사랑하나요?
어째서 그대 괴롭히는 것 기꺼이 받아 주나요?
조율된 소리의 아름다운 화음이 그대 귀 거스른다면
홀로 됨으로써[18] 맡은 임무[19] 파괴하는 그대를
달콤하게 꾸짖고 있는 것이랍니다.
들어 보세요, 현과 현이 달콤하게 결합하고 어우러져
어떻게 서로를 때리고 울리는지.[20]
모두 하나 되어 하나의 즐거운 곡조 노래하는
아버지와 자식, 그리고 행복한 어머니 같지요.
　그 말없는 노래는 합창이지만 독창처럼 노래합니다.
　〈홀로인 그대 아무것도 아니다.〉[21]

---

17 〈그대〉 자체가 달콤한 음악이기 때문이다.
18 독신을 유지함과 합창에 참여하지 않음이 등가로 간주되고 있다.
19 남편이자 아버지로서의 역할과 동시에 합창에서 맡은 임무.
20 한 현이 다른 현을 때려 울림 소리를 내는 것으로 남녀의 성적 결합을 은유한다.
21 고대 이래로 서양에서 숫자 1은 곧 0으로 간주되었다. 따라서 결혼하지 않은 독신 남녀는 온전한 인간이 못 된다는 생각과 더불어, none과 nun의 발음의 유사성을 이용해 독신을 지키는 이는 결혼하지 않기로 서약한 수녀나 마찬가지라는 말장난을 함축하고 있다.

9

독신 생활로 그대를 소진하는 것이
과부의 눈 적실까 하는 두려움 때문인가요?
아, 그대 만약 자식 없이 죽으면
세상은 그대 두고 짝 잃은 아내처럼 통곡할 것을.
모든 과부가 자식의 눈에서 남편 모습 간직할 때
세상은 그대의 미망인 되어 항상 슬퍼 울 것입니다,
그대가 그대 모습 세상에 남기지 않았기에.
탕자가 세상에서 탕진하는 것들은
그저 자리만 바꾸는 것일 뿐,
세상은 여전히 그것 즐기기에.
그러나 미의 낭비는 세상에서 끝장나지요.
쓰지 않음으로써[22] 탕자[23]는 아름다움 파괴하고 맙니다.
   자신에게 그처럼 참혹한 살인 저지르는 자[24]가
   다른 사람 향한 사랑 어찌 그 가슴에 간직할까요.

---

22 동정을 유지함으로써.
23 〈고리대금업자〉라는 번역도 가능하다. 탕자나 고리대금업자나 이곳의 문맥에서는 〈자위행위를 하는 자, 자손을 남기지 않는 자〉의 의미를 숨기고 있다.
24 자위행위로 자신의 생명을 파괴하는 자.

10

자신에게 그토록 무관심한 그대,
누군가에게 사랑 품는 것 부인하며 수치스러워하오.
원한다면 그대 뭇 사람의 사랑 받음은 인정하리다.
그러나 그대 누구도 사랑하지 않음은 더없이 분명하오.
살인적인 증오에 사로잡혀 그대,
자신을 해할 음모에 주저 없이 가담하여
그 아름다운 지붕[25] 망치려 하고 있소.
그대의 큰 바람이 그것 수리하는 바일진대.
아, 그대 뜻을 바꾸시오, 내 생각 바꿀 수 있도록.
고귀한 사랑보다 증오가 더 아름다운 집 차지할 수는 없소.
그대 외모만큼이나 아름답고 친절한[26] 사람 되오,
아니면 적어도 스스로에게 다정한 사람 되오.
   이녁 사랑하거든[27] 그대의 또 다른 분신 만드시오,
   그대, 혹은 그 분신 안에서 아름다움 항상 살 수 있도록.

---

25 영혼이 거주하고 있는 육체, 외모.
26 가족을 생각한다는 의미도 포함한다.
27 〈제발 나를 봐서라도〉, 혹은 〈내가 그대를 사랑할 수 있도록〉, 더 나아가 〈내가 사랑하는〉, 혹은 〈나를 사랑하는 여인을 위해서〉라는 해석도 가능하다.

11

그대가 시드는 만큼이나 빠르게 그대
그대가 떠나가는 자손 가운데서 성장하리.
그대의 청춘에서 벗어날 때 그대
청춘의 시절에 주었던 그 젊은 피 그대 것이라 부르리.
이곳에[28] 지혜와 미와 번영이 있네.
이것 없이는 어리석음과 노년과 차가운 쇠락뿐.
온 세상이 그대와 같다면[29] 세대는 끝나고
예순 해면 세상 사라지리.
자연이 간직하기 위해 만들지 않은 사람들
무정하고 추악하고 거칠고 쓸쓸하게 사라지라 하라.
최상의 선물 부여한 자들에게 자연은 더 많은 것 주었으니,
그 풍부한 선물을 그대 너그럽게 가꾸어야 하리.
   자연은 자신의 인장[30]으로 그대 새김으로써 의도했네,
   본틀 사멸치 않기를. 그대 더 많은 복제품 찍어 내기를.

---

28 어린아이 가운데.
29 결혼을 하지 않고 독신을 고집하면.
30 권위의 상징이자 남성의 성기.

12

시간을 알리는 시곗바늘 내가 세고
화려한 낮이 끔찍한 밤 속으로 이우는 것 볼 때,
제비꽃이 한창때 지나고
담비 같은 머리칼 은빛 백발로 변하는 것 볼 때,
한때 머리의 열기 가려 주던 잎사귀들이
거목에서 다 지는 것 볼 때,
여름의 푸르름 온전히 단으로 묶여
희고 까칠한 턱수염과 상여[31]에 실리는 것 볼 때,
그대 아름다움에 대해 나는 생각합니다.
그대 역시 시간의 황무지[32]로 가야 한다고.
다른 것들 자라는 것 보자마자
달콤하고 아름다운 것들은 자신들 버리고 죽어 가기에.
　시간의 낫에[33] 맞서는 자 아무도 없으니
　시간이 그대 이승에서 데려갈 때 자식으로 맞설밖에.

---

31 추수용 짐마차. 말라서 흰색이 된 곡식 단을 노인의 턱수염에, 이 곡식 단이 실리는 짐마차를 턱수염이 허연 노인의 시체가 실린 관이나 상여에 비유하고 있다.
32 혹은 〈폐허〉. 낭비된 시간에 대한 인유를 함축하고 있다.
33 살아 있는 것들을 베어 내는 죽음과 시간의 전통적인 이미지이자, 추수 비유의 확장이다.

13

그대가 그대 자신이면 좋으련만, 그러나 사랑이여,
그대 여기 살아 있는 자신만큼이나 그대 몸 아니라오.[34]
다가오는 이 종말 대비하여 그대 준비해야 하고
그대 닮은꼴 다른 이에게 주어야 하오.
그대 빌린 그 아름다움 다하지 않게 될 때야
그대 죽은 후에도 여전히 그대 자신이라오,
그대 달콤한 자식이 그대 달콤한 모습 간직하니.
겨울날의 일진광풍과
죽음의 영원한 한기
황량하게 엄습할 것 대비하여
부지런히[35] 영예롭게 간수해야 할 그 아름다운 저택
폐허로 방치하는 사람 누가 있단 말이오?
  아, 탕자들뿐! 내 사랑이여, 정녕 그대에게 부친 있었으니
  그대의 아들 역시 그렇게 말하게 하오.

---

34 현세의 삶은 자연이 우리에게 임대해 준 것이라는 의미이다.
35 남편이 되어, 혹은 가장이 되어 가정을 가꾼다는 의미를 함축한다.

14

별들을 통해 아는 것 아니지만
내 생각에 나는 점성술 알고 있네.
허나 행운이나 불운,
역병이나 기근, 절기의 변화 선견하는 것 아니요,
매사의 발생 시간 찬찬히 보아
천둥과 폭우와 폭풍 말해 주는 것도 아니요,
하늘의 징조 빈번히 살펴
만사형통하리라 군주들에게 고하는 것도 아니라네.
내가 아는 것 그대의 눈 통해서일 뿐.
영원한 별들이여, 나의 별들 통해 나는 안다네,
그대 자신에게서 벗어나 풍요 향한다면
진리와 미 함께 번성하리라는 것을.
   아니면 그대에 관해 이것 점칠 수 있으니,
   그대 종말이 진리와 미의 종말이요 파국인 것을.

15

생장하는 만물이
그저 한순간만 온전할 뿐,
이 거대한 무대는
말없는 영향력 행사하는 별들의 연극임을 생각할 때,
식물이 자라듯 인간도
같은 하늘의 북돋움과 나무람 아래
청춘의 수액 속에 뽐내다 한창때 이울며
그들의 화려한 상태 기억에서 지워 버림을 알 때,
삶이 이토록 허망하다는 생각으로
더없이 화려한 청춘의 그대 눈앞에 그려 보네.
거기선 그대 청춘의 낮을 어두운[36] 밤으로 바꾸려
파괴적인 시간이라는 놈이 쇠락이라는 놈과 겨루는구나.
   그대 사랑 얻으려 싸우는 것들을 시간이 앗아 갈 때,
   나 그대를 새롭게 접목하네.[37]

---

36 〈더럽혀진〉, 〈퇴색한〉이라는 의미도 있다.
37 늙은 가지에 다른 가지를 접붙임으로써 새로운 생명력을 가져다주듯, 젊은이의 모습을 새롭게 그림으로써 그에게 새 생명을 부여한다는 의미이다. *engraft*에는 〈새기다〉, 〈철필로 쓰다〉라는 뜻도 있다.

16

어째서 그대 보다 강한 방법으로
이 잔학한 폭군인 시간 공격하지 않는가?
어째서 내 불임의 시보다 복된 수단으로
파멸에 처한 자신을 요새처럼 보호하지 않는가?
이제 그대 행복한 시간의 정상에 서 있고
채 가꾸지 않은 지천의 순결한 정원[38]들은
그대 살아 있는 꽃들 심기기만 간절히 바라고 있다,
그대 초상화보다 더 그대 같은 꽃들.
시간의 붓도 내 이 서툰 펜도
그대의 가치 있는 내면과 아름다운 외양
사람들 눈에 그대답게 생생히 그려 낼 수 없지만,
자식은 그대 그 모습 소생시키리.
    그대 내어 주는 것이 그대 영생 가져오는 것.
    그대 달콤한 재주로 그려 낸 대로 그대 살게 되리.

---

38 여성의 육체, 혹은 자궁에 대한 전통적인 비유.

17

그대 훌륭한 자질에 대한 칭송으로 가득한들
장차 누가 나의 시 믿으리오.
하늘은 알 것을, 내 시는 무덤처럼 그대 생명 숨기고
그대 자질 반도 보여 주지 못함을.
내 그대 아름다운 눈 그릴 수 있고
새로운 운율로 그대 미덕 다 노래할 수 있어도
후세 사람들 이렇게 말하리. 〈이 시인 거짓을 말하는구나.
그런 천상의 손길[39]은 인간의 얼굴에 닿는 일이 없다네.〉
그래서 세월과 더불어 누렇게 변한 나의 원고들은
헛소리만 늘어놓는 노인처럼 경멸받고,
그대 받아 마땅한 칭찬은 시인의 영감 탓,
시인이 옛 노래[40] 과장한 탓이라고 입에 오르리라.[41]
    그러나 그 미래에 그대 아이 살아 있다면
    그대 두 번 살리라, 그 아이 안에서 내 시 속에서.

---

39 〈조물주의 손길〉이라는 의미뿐만 아니라 〈인간의 능력을 넘어서는 시인의 붓질〉이라는 의미를 동시에 지님으로써, 이런 시인의 능력을 이해하지 못하는 대중에 대한 비판도 담고 있다.
40 〈케케묵은 노래〉라는 의미와 더불어 〈기괴한 엉터리 노래(시)〉라는 이중의 의미를 지닌다.
41 옛 연애시의 지나친 과장이나 비유법, 혹은 시어들을 셰익스피어 시대 독자들은 믿으려 하지 않았다.

18

그대를 내 여름날에 비할까요?
그대는 그보다 더 사랑스럽고 온유합니다.
거친 바람이 오월의 사랑스러운 꽃망울 흔드는
여름 한철 너무나 짧습니다.
하늘의 눈 때로 너무 뜨겁게 빛나고
그 황금빛 빈번히 흐려지지요.
아름다운 것들은 하나같이 아름다움 속에서 이울고
우연이나 자연의 주기 속에서 장식 벗는 법.
허나 장차 영원한 시행[42] 속에서 그대 시간의 일부가 될 때
그대 그 영원한 여름 시들지 않고
그대 그 아름다움 잃지 않을 것이요,
죽음도 그대 제 그늘 속 헤맨다고 뻐기지 못할 것입니다.[43]
  사람이 숨 쉬고 눈이 볼 수 있는 한 오래도록
  이 시 살아서 그대에게 생명 줄 것입니다.

---

42 〈후손으로 이어지는 가계〉의 의미도 지닌다.
43 「시편」 23장 참조.

19

게걸스러운 시간이여, 사자의 발톱 무디게 하고
땅으로 하여금 자신의 달콤한 자식들 삼키게 하며
사나운 범의 턱에서 날카로운 이빨 뽑아 버리고
장수한 불사조 산 채로 불살라 버리라.
빠르게 지나갈 때 좋은 절기와 험한 절기 가져오라.
발 빠른 시간이여, 드넓은 세상과 거기서 사라지는
모든 달콤한 것들에 하고 싶은 짓 마음껏 행하라.
그러나 그대에게 가장 끔찍한 죄 하나를 내 금하노니
내 사랑의 아름다운 이마에 그대 시간의 자국 새기지 말고
부디 그대 낡은 철필로 거기에 줄 긋지 말라.
그대 발길에 내 사랑 때 묻지 않게 하라,
후세 사람들에게 미의 표본 되도록.
   늙은 시간이여, 한껏 횡포 부려 보라. 그대 해악에도
   내 사랑[44] 내 시 가운데 영원히 젊게 남으리.

---

44 〈내가 사랑하는 연인〉이라는 의미와 〈그 연인에 대한 내 사랑〉이라는 이중의 의미를 모두 포함한다.

20

내 열정의 주인이요 으뜸가는 연인[45] 그대
자연이 그 손으로 치장한 여인의 얼굴 지녔구나.[46]
여인의 다감한 마음 지녔으되
못된 여인의 변덕은 알지 못하는구나.
여인보다 더욱 빛나는 그대 눈은 헛되이 한눈팔지 않고
응시하는 것들에 황금빛 옷 입히며
남자의 모습으로 모든 형상들 장악해
남자들의 눈 훔치고 여인들의 영혼 놀라게 하는구나.
그대 빚어내던 자연이 그대에게 매료돼[47]
한 가지 더함으로[48]
내게서 앗아 가지 않았던들
그대 애초에 여인으로 태어났을 것을.
   그러나 자연이 그대 여인들의 기쁨 위해 점지했으니[49]
   그대 사랑 내 것이요, 그대 성기 그들 것이리.

45 〈남자 주인이자 연인〉이라는 의미를 지니고 있어, 시인과 젊은이의 동성애적 관계를 짐작하게 하는 표현이다.
46 화장으로 만들어진 얼굴이 아니다.
47 그리스 신화 중 피그말리온의 이야기 참조.
48 남자의 성기를 덧붙이다.
49 원뜻은 명부에 적힌 사람의 이름 앞부분에 구멍을 뚫어 처형 대상을 선택했던 고대의 관습에 따라 구멍을 뚫어 그대를 선택했다는 의미이다. 그러나 이곳에서는 여성의 자궁을 뚫을 수 있는 송곳, 즉 성기를 그대에게 주었다는 의미도 갖는다.

21

화장한 미인에게서 영감 얻어 시 쓰고,
그 장식 위해 하늘 끌어들이고,
그 미인에 더해 온갖 고운 것 언급하는
그런 시인과 나는 같지 않네.
태양과 달, 땅과 바다의 풍성한 보화와
하늘의 대기가 광활한 공중에 감싸고 있는
갖가지 진귀한 것들과 4월의 갓 피어난 꽃송이에
그는 자신의 여인 자랑스럽게 견주노니.
아, 진실하게 사랑하는 나는 그저 진실하게 쓰려니
정녕코 내 사랑
저 하늘에 걸린 황금 촛불처럼 밝게 빛나진 않으나,
어느 어미의 자식처럼 아름답다네.
   풍문 좋아하는 자들 더 할 말 있거든 하시게.
   팔 마음 없는 나는 상찬하지 않으려니.

22

청춘과 그대가 동년일진대
거울 보며 내 늙었다 인정하지 않으리.
그러나 그대에게서 시간의 이랑들 볼 제
나는 시간이 내 세월 끝내리라 예상하리라.
그대 감싼 그 모든 아름다움
단지 내 마음의 아름다운 의상일 뿐.
내 마음 그대 가슴에 살고, 그대 마음 내 가슴에 살고 있으니
내 어찌 그대보다 더 늙을 수 있으랴?
그러니, 아 내 사랑이여, 그대를 잘 돌보시길.
내가 나 위해서 아니라 그대 위해서 그러하듯이.
세심한 유모가 자기 아이 다칠까 노심초사하듯
나 역시 가슴에 그대 품고 소중히 간직하려니.
 내 가슴 죽고 나면 그대 가슴 돌려받을 생각일랑 마시길.
 되받을 생각 없이 그대 마음 내게 주었으니.

23

불안함에 대사 잊은
무대 위 애송이 배우처럼,
혹은 넘치는 힘 때문에 심장 약해진,
지나친 분노에 찬 끔찍한 사람처럼
나는 겁에 질려 나를 믿지 못하고
사랑의 화려한 의식 집전할 언어마저 잊고
내 힘찬 사랑 안에서 사위어 간다,
내 강한 사랑의 무게에 짓눌린 채.[50]
사랑 간구하며 보상 바라는
아, 나의 시집이여 나의 웅변이 되어
빈번하게 자신 표현한 그 혀보다 더 소리치는
내 심장의 말 없는 전령 되어 달라.
  아, 말 없는 사랑이 적은 글 읽는 법 배우길.
  눈으로 듣는 것이 사랑의 훌륭한 지혜이기에.

---

50 지구를 어깨에 짊어지고 고통받는 아틀라스의 모습 참조.

24

내 눈은 화가가 되어 새겨 놓았습니다,
그대 아름다운 모습 내 마음의 노트 위에.
내 육신은 그 모습 담고 있는 그림의 틀.
요술 그림[51]은 최고 화가의 기술이지요.
그려진 그대의 진실한 모습 보려거든
화가의 눈으로 그의 기술 알아보아야 합니다.
그대 두 눈으로 유리창 낸 내 가슴의 화실에
그 그림 항상 걸려 있습니다.
자, 눈과 눈이 어떻게 화답하는지 보세요.
내 눈은 그대 모습 그렸고, 그대 눈은 내 가슴의 창문 되어,
태양은 거기 있는 그대 보기 위해
그곳 엿보기를 즐깁니다.
 그러나 눈들[52]은 이 기술 구사할 능력 없어
 보는 것만 그려낼 뿐 심장 꿰뚫어 보지 못합니다.[53]

---

51 한스 홀바인의 「대사들The Ambassadors」처럼 특정한 각도에서 봐야만 이미지가 나타나는 그림을 말한다.
52 보통 사람들의 평범한 눈.
53 *art*와 *heart*의 발음의 유사성을 이용하여 말장난을 치며, 자신의 예술(기술)은 기술이 아니라 진실된 심장(마음) 자체임을 강조한다.

25

별자리의 호의를 누리는 자들
공명과 높은 관직 자랑케 하라.
그런 높은 자리 오르지 못할 나는
봐주는 이 없이 내 가장 소중한 것 즐기려니.
위대한 군주들이 총애하는 이들은
태양의 눈 바라보는 금잔화처럼 그 꽃잎 펼치다
자신의 꽃잎 속에 그 화려함 묻고 마노니,
한 번 찡그린 얼굴에[54] 그들의 영광 죽고 말기에.
장사라고 소문난 애쓰는 전사도
천 번의 승리 후 한 번의 패배로
명예의 책에서 완전히 지워져,
나머지 것들[55]은 그의 수고 잊는 법.
　나는 임 떠나지 않고 임도 나 떠나지 않으니
　사랑하고 사랑받는 이녁은 행복하다네.

---

54 군주의 찡그린 얼굴과 먹구름 속으로 숨어 버린 태양의 모습을 동일시하고 있다. 금잔화는 태양 빛을 받아 피었다가 태양이 숨어 버리면 꽃잎들을 다물어 버린다.
55 〈세상인심〉이라는 의미와 동시에, 〈한 번의 패배를 제외한 999번의 승리〉를 뜻한다.

26

내 사랑의 주인이여, 충복으로서
그대 미덕에 내 의무 다 바치며
내 기지가 아니요, 충성의 징표로서
그대에게 이 전갈 보내 드리니.
내 미천한 기지로 그 지극한 충성
보여 드릴 말재주 없기에 초라해 보일지라도,
바라건대는 그대 훌륭한 생각으로
온통 헐벗은 내 징표 그대 영혼에 깃들게 하시길.[56]
내 삶 인도하는 별이
내게 행운 점지해 주고
내 사랑의 넝마에 의상 입혀
그대가 나를 다정히 바라볼 수 있을 때까지.
   그때 나는 그대 얼마나 사랑하는지 자랑할 수 있으니,
   그때까진 고개 들어 내 사랑 그대에게 드러낼 수 없으니.

---

[56] 그대의 시적인 생각으로 내 평범한 의무감의 표현을 장식해서 돋보이게 해달라는 의미이다.

27

일에 지쳐 나는 서둘러 잠자리로 갑니다,
노고로 느른한[57] 사지 위해 마련된 값진 안식처로.
그러나 육신의 수고 끝난 그때
정신 피곤케 할 내 머릿속 여행 시작됩니다.
그때 내 상념들은 나의 집 멀리 떠나
그대 계신 곳으로 격정의 순례를 하며
감기는 내 눈꺼풀 크게 뜨게 하고
눈먼 자[58]가 응시하는 어둠 바라보게 합니다.
내 영혼 상상의 눈이 내 컴컴한 시야에 보내 주는
그대 모습만이 나의 빛 되어
유령같이 무서운 밤에 매달린 보석처럼
검은 밤 아름답게 비추고 늙은 밤 얼굴 새롭게 합니다.
  보세요, 이렇게 낮에는 사지가, 밤에는 정신이
    그대 때문에, 또한 나 때문에 안식을 모르는 것을.

---

57 〈여행으로 피곤해진〉이라는 해석도 가능하다.
58 사랑에 눈먼 사람.

28

그렇다면 나 유익한 안식 누리지 못하는데
어찌 행복한 상태로 돌아올까요.
낮의 수고가 밤의 평안 모르고
낮은 밤에, 밤은 낮에 짓눌리는 것을.
서로의 나라에게 적대적인 밤과 낮은
손 맞잡고 결탁하여 나를 괴롭힙니다.
낮은 노고로, 밤은 한탄으로 수고로움 더하니
나는 늘 그대로부터 한층 멀어져 있습니다.
나는 낮에게 듣기 좋은 말 합니다, 그대는 빛나는 사람,
구름이 하늘 가릴 때 환히 비춰 준다고.
검은 피부의 밤에게도 나는 아첨합니다,
반짝이는 별들 빛나지 않을 때 그대 저녁을 도금한다고.
   그러나 낮은 낮으로 나의 슬픔 늘리고
   밤은 밤마다 한숨의 시간 늘립니다.

29

행운의 여신과 사람의 눈에 백안시될 때
나 그저 홀로 기구한 처지 서러워하고
귀머거리 하늘 소리쳐 괴롭히네, 헛되이.
나 바라보고 내 운명 저주하며 소원한다네.
내가 기대할 것 더 많은 그런 이였으면,
그이처럼 생겼으면, 그이처럼 친구 많았으면,
이이처럼 기술 있었으면, 저이처럼 지혜 있었으면.
내가 마음껏 누리는 것에 조금도 만족지 못한 채로.
그러나 이런 망상에 빠진 나 자신 경멸하며
나 아마[59] 그대 생각하고 또 내 처지 생각하네,
어둡고 음울한 대지에서 동틀 때 일어나
하늘의 대문에서 찬송하는 종달새와 같다고.
   그대 달콤한 사랑 기억함은 내게 풍족함 주기에,
   그럴 때면 나는 왕들과도 처지 바꾸길 경멸한다네.

---

59 이곳에서는 〈다행스럽게〉라는 해석도 가능하다.

30

감미롭고 적요한 생각의 법정에
지난 기억들 소환할 때[60]
내가 찾던 많은 것들 없음에 한숨짓고,
옛 고통과 함께 시간이 파괴한 소중한 것들에 슬퍼한다.
그때 나 죽음의 끝 모를 밤에 숨은 소중한 친구들 위해
눈물 흘린다, 그것에 익숙지 않은 내 두 눈에.
오래전에 갚았던 사랑의 고통에 다시 울고,
잃어버린 많은 것들에 신음한다.
그때 나 지나간 회한에 괴로워하며
슬픔에 젖어 과거의 통성 적힌 슬픈 장부
하나하나 되처 헤아리며
전에 청산하지 않았던 것처럼 되갚는다.
    그러나 사랑하는 이여, 그대 생각하노라면
    모든 손실 복구되고 슬픔 끝나는구나.

---

60 마르셀 프루스트의 소설 『잃어버린 시간을 찾아서 *Remembrance of Things Past*』의 영어판 제목은 바로 이 문장에서 따온 것이다.

31

내게서 떠나 죽은 줄 알았던 이들의 사랑이 모인
그대는 더욱 존귀한 사람.
사랑과 사랑의 모든 사랑스러운 것들,
죽은 줄 알았던 내 친구들 그대 가슴에 깃들어 있기에.
값진 신앙 같은 사랑 때문에, 죽은 자에 대한 의무로
성스러운 장례의 눈물 나 얼마나 많이 흘렸던가.
그러나 이제 보노니
내 곁 떠난 그들 그대 안에 숨어 있구나.
그대는 매장된 사랑이 살고 있는 무덤,
떠나간 내 연인들의 기념물들 걸려 있는 곳,
그들 몫의 내 사랑 그대에게 바쳤기에.
많은 사람들에게 빚진 사랑 이제 오롯이 그대의 것.
   내 사랑했던 이들의 모습 이제 그대 안에서 보노니
   그들 모두인 그대 내 모두[61]를 송두리째 가졌네.[62]

---

61 나를 사랑했던 사람들의 모든 마음.
62 1번 소네트에서 사용된, 게걸스럽게 먹어 치우는 이미지가 이어지고 있다.

32

죽음이란 놈이 내 유골 흙으로 덮어
내 세상 빚 청산하는 날 그대 살아
죽은 연인의 볼품없고 거친 이 시구들
우연히 다시 보게 되거든
세련된 그때 시들과 견주어 보오.
모든 시인이 나 능가한대도
빼어나서가 아니라 사랑 위해 간직해 주오,
보다 재능 있는 시인들 유수의 걸작 속에서.
아, 그때 나를 어여삐 여겨 이렇게 생각해 주기를.
〈내 친구의 뮤즈가 이 시대에 살아 있었다면
그의 사랑, 보다 세련된 시인들과 어깨 나란히 할 만한
이보다 더한 걸작 낳았을 것을.
   그러나 그는 죽었고 더 훌륭한 시인들 많으니,
   그들의 시 문체로, 그의 시 사랑으로 읽으리라.〉

33

빛나는 아침이 군주의 눈으로 산 정상에 아첨하고
금빛 낯으로 푸른 초원에 입 맞추고
하늘의 연금술로 창백한 시내 황금빛으로 물들이는 것
나는 여러 번 보았네.
이내 먹구름이 그 천상의 얼굴 위에
추한 모습으로 바람에 실려 와
황량한[63] 세상으로부터 그의 얼굴 감추고
치욕 속에 봐주는 이 없이 서쪽으로 달아나는 것 보았네.
어느 이른 아침 나의 태양도
그처럼 더없는 광휘로 내 이마 비췄어라.
그러나 애통하구나, 그는 그저 한순간만 나의 임,
중천의 구름이 이젠 내게서 그를 가렸으니.
 그러나 내 사랑 조금도 문제 삼지 않으리.
 세상의 태양들 바랠지라도 하늘의 태양 빛날 것이기에.[64]

---

63 태양이 사라져 버림받은.
64 임금을 태양에, 태양을 가리는 구름을 간신에 비유하는 것은 동서양을 막론하고 상투적인 것이다.

34

그대 왜 그토록 화창한 날을 약속하여
나로 외투도 없이 길 떠나게 해놓고
그대 화려한 의상 해로운 연기 속에 숨겨
먹구름이 내 길 막게 하는가요?
그대 구름 걷고, 폭우에 씻긴 내 얼굴의 빗방울
닦아 주는 것으로는, 그대 충분치 않습니다.
상처만 고치고 치욕은 낫게 못 하는
그런 고약 칭찬할 사람 없으니.
그대 치욕[65]으로 내 슬픔 고칠 수도 없습니다.
그대가 후회해도 상처는 고스란히 내 것이기에.
심한 죄의 아픔 견디는 이에게
죄인이 슬퍼한들 어찌 위안 될까요.
  아, 그러나 이 눈물들 그대 사랑이 흘리는 진주[66]요
값진 보석이라 온갖 비행 대속합니다.

---

65 태양이 해로운 연기를 뿜는 구름 속에 가리게 됨을 의미한다.
66 자신의 얼굴에 맞은 빗방울을 연인이 흘리는 참회의 눈물로, 이어서 이 눈물을 진주로 변형시키는 종교적 심상으로 발전시키고 있다.

35

그대 한 일 더는 괴로워 말라.
장미에도 가시가, 은빛 분수에도 흙 찌끼가 있는 법.
구름과 식(蝕)이 해와 달 흐리고
더없이 달콤한 꽃봉오리엔 끔찍한 해충 사느니.
모든 사람이 잘못 저지르는 법.[67]
그대 잘못 정당화하고, 그대 비행에 고약 발라 주며,
그대 죄 이상으로 그대 죄 용서하여,
스스로를 타락시키고 있는 내가 그러하듯이.
그대 육욕의 잘못에 내 이유를 대고
그대 적이어야 할 이가 그대 옹호자 되어,
나는 나를 기소하고
내 사랑과 증오 사이에 심한 내란 일어나느니.
   쓰리게 내게서 앗아 가는 그 달콤한 도둑의 공모자가
   나는 될 수밖에 없어라.

---

67 〈모든 사람이 성행위를 한다〉는 해석도 가능하다. 비유에는 정신적 성행위의 암시가 깃들어 있다.

36

우리 두 사람 별개임을 고백하게 하오,
비록 우리 사랑 나뉘지 않은 하나이지만.
내게 남아 있는 이 얼룩진 치욕들도
그대 도움 없이는 홀로 지니게 될 것.
우리 삶이 적의로 갈라져 있어도
우리 두 사랑 오직 하나로 바라볼 뿐.
적의가 우리 하나 된[68] 사랑 변치 못하게 한들
사랑의 달콤한 순간들은 앗아 가는 법.
나의 한탄 그대에게 치욕 가져오지 않도록
그대를 더 이상 알은체 않으리.
그대도 그대 명성 더럽히지 않으려든
더 이상 공공연한 친절의 영예 베풀지 말기를.
  그러나 그러지 마오. 그대 나의 것이니,
  그대 명성 내 것처럼 나 그대 사랑하고 있으니.

---

68 혹은 〈유일한〉.

37

활기찬 자식 청년 노릇 하는 것 보고
노약한 아비 즐거워하듯이
행운의 여신 가혹한 적의로 절름발이 된 나도
그대의 진실한 가치에서 내 모든 위안 찾느니.
미나 신분이나 부나 지혜,
이들 중 어느 하나나 혹은 이들 모두, 그 이상의 것이
왕관 쓰고 자신의 자리 차지하고 앉아 있는 곳[69]에,
그 풍족함에 내 사랑 접목한다.
그대의 이 그림자[70] 실체 갖고 있는 한
나는 그대의 이 풍족함 속에서 만족하고
그대의 이 모든 영광의 일부로 살 수 있기에 나
절름발이 아니요, 가난하지도 않고, 경멸받지도 않으니.
　최상의 것은 무엇이든 그대 안에 깃들기를 바라노라.
　이런 소망 가진 나는 한없이 행복하여라!

---

69 젊은이가 의당 누리고 있는 훌륭한 자질들.
70 겉으로 드러난 자질의 모습. 외양.

38

그대 내 시에 입김 불어넣어 주는데
내 뮤즈가 어찌 고갈되랴.
미천한 글로 거듭하기엔 너무나 탁월한
그대 자체가 달콤한 글감이니.
나의 글 속에 읽을 만한 것이 행여 그대 눈에 비치거든
그대 자신에게 감사하시길.
그대 자신이 창작의 빛 발하는 때에
그대 향해 쓰지 않을 벙어리 있을 리 없으므로.
글쟁이들이 기도하는 낡은 아홉 뮤즈들[71]보다
그대 열 배나 가치 있는 열째 뮤즈 되시라.
그리하여 그대에게 기원하는 시인으로
오래오래 계속될 영원한 시 낳게 하시라.
    나의 작은 뮤즈 이 강퍅한[72] 시대에도 기쁨 된다면
    수고는 내 것이나 칭찬은 그대 몫일 것이니.

---

71 고전 신화에는 여러 분야의 기예를 관장하는 여신들인 아홉 명의 뮤즈들이 있다.
72 혹은 〈흠잡기 좋아하는〉.

39

아, 그대 진가를 내 어찌 점잖게[73] 노래할 수 있으리,
내 모든 선함이 그대 것인 것을.
그대 칭찬함이 나에 대한 칭찬이 될 바에,
무슨 연유로 내 입으로 나 칭찬하리오.
이런 이유 때문에라도 우리 떨어져 살아
우리의 소중한 사랑 하나임을 잊도록 합시다.
그대 홀로 받아 마땅한 이 칭찬
나 그대에게 드릴 수 있도록.
아, 이별이여, 그대는 얼마나 한고문인가,
그대 시큼한 여유가 달콤한 휴가 내어[74]
임 그리는 긴긴 시간들을 감미롭게 속여 주는
연모의 시간 달래려 찾아오지 않는다면.
　다른 곳에 있는 그를 이곳에서[75] 칭찬하여
　하나를 둘로 만드는 법[76] 그대 가르쳐 주지 않는다면.

---

73 자화자찬하지 않고.
74 연인이 떠나 있는 시간이 오래되다 보면 마치 오래된 음식이 시큼하게 상하는 것처럼, 노니는 시간도 시큼하게, 즉 질리게 된다. 놀다 지쳐 찾아오는 시간이 달콤한 휴가의 기간이 될 것이라는 표현이다.
75 이 시 가운데서.
76 임과 떨어져 있는 자신을 〈임과 나〉라는 둘로 나누는 법. 언급했듯이, 셰익스피어 시대에 1은 온전한 수로 여겨지지 않았다.

40

내 사랑이여, 내 연인들 다 가지시라,[77] 모두 가지시라.
그런들 그대가 전보다 더 가진 것 있으리오.
내 사랑, 그대 진실한 사랑이라 부를 만한 사랑 없도다,
이런 욕심 내시기 전에도 내 모든 것 그대 것이었느니.
나를 사랑해 그대 내 사랑들[78] 받아들인다면
내 친숙한 연인들로 그대 탓하지 않으리.
그러나 그대 거절하는 것[79] 은밀히 즐겨
그대의 다른 자신[80] 속인다면 비난받아 마땅한 법.
양반[81] 도둑이여, 그대가 내 전 재산 훔쳐도
그대의 도둑질 용서하리라.
그러나 증오가 주는 드러난 상처보다
사랑의 죄[82] 참는 것이 더 큰 슬픔임을 사랑은 아느니.
   모든 결점조차 선하신 호색하는 임이여,
   적의로 나 죽이시라, 허나 우리가 적이 되어서는 안 되리.

---

77 성적인 의미를 함축하고 있다.
78 내가 사랑하는 사람들.
79 결혼을 통한 부부 관계. 그대가 경멸하는 것.
80 시의 화자인 나.
81 신분이 높다는 뜻과 더불어 〈다감한〉, 〈친절한〉의 의미도 포함한다.
82 애인이 주는 상처.

41

나 그대 가슴에서 멀어져 있을 때
그대 방종이 저지르는 사소한 잘못들은
그 아름다운 청춘에 너무나 걸맞은 것들이외다.
그대 있는 곳엔 항상 유혹 따르노니.
그대는 양반이라 사귈 만하고
그대는 아름다워 유혹을 받소이다.
여인이 구애해 올 때 그이에게 굴복하지 않고
냉담하게 대할 수 있는 여인의 아들 있소이까?
아, 내 팔자여, 그대는 내 자리[83] 피하고
그대 미모와 청춘의 방황을 탓하오.[84]
방종 가운데 그대 이중의 언약 저버리게 하는
그곳으로 그대 인도한다고.
   그대 미모로 유혹한 내 여인의 언약과
   그대 미모로 내게 부정한 그대의 언약을.[85]

---

[83] 성기, 자궁.
[84] 부정이나 불륜을 젊음의 탓으로 돌린다.
[85] 삼각관계가 구체화되고 있다.

42

그대가 그녀 가진 것에 내 이리 슬픈 것 아니요,
그러나 내 그녀 지극히 사랑했음은 다 아는 바.
그녀가 그대 가진 것이 내 고통의 대장이요,
나를 더욱 아프게 하는 사랑의 손실.
상처 주는 연인들이여, 내 이렇게 그대들 변호하리니.
내 그녀 사랑함 알기에 그대도 그녀 사랑하고
나를 위해 그녀도 나 속이고 있노라고.
나를 위해 내 친구 자신을 시험케[86] 해준다고.
그대 잃는다면 내 손실은 내 여인의 이득 되니
그녀 잃은 내 손실은 내 친구의 이득이라고.
두 사람이 서로를 찾으니 나는 둘 다 잃었고,
두 사람 모두 나를 위해 이 십자가 내게 지웠어라.
   그러나 여기에 내 기쁨 있으니, 내 친구와 나는 하나이니.
   달콤한 아첨이여! 그렇다면 그녀 나만을 사랑하는 이여라.

---

86 육체관계를 갖도록 허락함.

43

눈 감을 때 내 눈 가장 선명히 봅니다.
낮에는 보잘것없는 것들만 보지만
잠들 땐 꿈속에서 그대 보기에 내 두 눈
어둡게 빛나며 어둠 속에서 그대의 빛 향합니다.
그림자로 뭇 그림자들 밝히는 그대여,
감은 눈에도 그대 그림자 그처럼 찬란한데
밝은 대낮에는 그 그림자
얼마나 더 환히 빛나며 그 모습 드러낼까요?
살아 있는 대낮에 그대 바라봄으로
내 눈은 얼마나 큰 축복 받는지요.
죽은 밤에도 그대 아름답고 불완전한[87] 그림자
무거운 잠 뚫고 감은 두 눈에 머무르고 있으니!
   나 그대 보기 전까지 낮은 온통 밤이요,
   꿈속에서 그대 볼 때에 밤은 밝은 낮입니다.

---

87 그림자는 실체 없는 이미지에 불과하기 때문이다.

44

내 육신 무거우나[88] 내 마음이라면
이 고통스러운 거리도 내 길 막지 못할 것을.
멀리 떨어져 있어도 그대 머무는 곳에
천 리 길 무릅쓰고 내 달려갈 것을.
그대 지구 반대편에 머문다 해도
내 발걸음은 아랑곳 않으리라.
머물고 싶은 곳 생각하자마자
발 빠른 마음은 바다와 육지 건너뛸 수 있을 터이니.
아, 그러나 이 몸 마음 같지 않아
그대 가신 먼 길 건널 수 없음이 나를 죽이는구나.
무거운 흙과 물로 만들어졌으니
한숨으로 때가 되길 기다릴밖에.
  이토록 느린 원소들로 슬픈 눈물만 흘릴 뿐,[89]
  두 원소[90]가 주는 고통의 징표로서.

---

[88] 몸이 우주의 네 원소 중 가벼운 불과 공기가 아니라 무거운 흙과 물로 이루어졌기 때문이다.
[89] 이곳의 〈슬픈〉은 원래 무겁다는 뜻이다. 흙과 관련되어 있기 때문에 무겁다는 의미이고, 눈물은 물과 관련되어 있다.
[90] 흙과 물.

45

다른 두 원소, 실체 없는 공기와 정화의 불은
나 어디에 머무르든 모두 그대와 있다네.
전자는 나의 생각, 후자는 나의 욕망,
있다가 없어지는 이들은 빠르게 스쳐 가노라.
이 민첩한 원소들이 사랑의 전령으로
그대에게 가버리고 나면
네 원소로 된 내 목숨은 둘만 남아
슬픔에 짓눌려 죽음으로 떨어진다.
그대에게서 돌아온 이 발 빠른 전령들이
육신의 건강[91] 회복시켜 줄 때까지.
그대 건강 확인하고 방금 돌아온 이들이
그대 안부 내게 전해 주나니.
   이 말 듣고 즐거워하다 이내 시들해져
   나 이들 되돌려 보내고 곧 슬픔에 젖는구나.

---

91 네 원소들에 의한 조화로운 구성.

46

내 눈과 가슴은 사납게 전쟁 치르네,
그대 모습 전리품으로 차지하고자.
내 눈은 내 가슴에서 그대 모습 막으려 하고
내 가슴은 내 눈에서 자유롭게 볼 권리 빼앗으려 하네.
내 가슴은 그대가 자기 안에 있다 주장하네,
수정 같은 눈으로 결코 꿰뚫을 수 없는 내실에.
그러나 내 눈 그 주장 반박하며
그대 아름다운 모습 자신에게 있다 하네.
이 권리 주장 판결하려 생각이라는 배심원들,
가슴의 입주자들 모였나니.
맑은 눈의 몫과 사랑하는 가슴의 몫이
그들의 평결로 결정되었네.
   이로써 내 눈의 몫은 그대의 외모,
   내 가슴의 권리는 그대 가슴속 사랑.

47

내 눈과 가슴 사이에 화해 이루어져
이제 서로가 서로에게 다정하노니,
내 눈이 보지 못해 굶주리거나
사랑에 빠진 내 가슴 한숨으로 질식할 때면
내 눈은 내 연인의 초상화로 잔치 벌여
화려한 잔치에 내 가슴 초대하누나.
때로 내 눈 내 가슴의 손님 되어
연모하는 가슴속에서 한자리 차지하노니.
그리하여 그대 초상화나 내 사랑으로
그대 멀리 있어도 항상 나와 함께.
그대 내 생각 벗어나 멀리 갈 수 없으니
나는 항상 그대 생각뿐, 그대 생각뿐이라.
   행여 생각이 잠들면 내 눈에 비친 그대 초상화
   내 가슴 깨워 가슴과 눈 즐겁게 하누나.

48

길 떠날 때 나 얼마나 조심했던가?
아무리 사소한 것도 믿을 만한 금고에 넣어 놓고,
안전한 창고에 도둑 손 타지 않게 보관해 두었다가
나 돌아올 때 다시 사용할 수 있도록.
내 진정한 위안이요, 내 지금 가장 큰 슬픔,
내 가장 소중한, 내 유일한 걱정거리인 그대,
내 보석도 하찮아 보이는 그대 그러나
온갖 범상한 도둑들 먹이가 되었구나.
그대 마음대로 드나드는
내 가슴 귀한 곳간 안 금고에
그대 가뒀건만
그대 그곳에 없구나, 내 마음 부정해도.
   그곳[92]에서마저 그대 도둑맞을까 두려워하네.
   그런 값비싼 보물 보면 정절마저 도둑 되기에.

---

92 내 가슴의 금고.

49

심사숙고하여 회계 장부 정리하고
그대 마지막 합산 내는 날
내 손실[93] 보고 찌푸린 그대 얼굴 볼 때
그럴 때가 온다면 그때 대비해서,
과거와 달리 변심한 사랑이
나를 외면하는 중대한 이유 찾을 때
그대가 나를 모른 채[94] 지나치고, 태양 같은 그대 눈으로
눈인사도 보내지 않을 때 대비해서,
나는 나의 값 아는 것으로[95]
이곳[96]에 내 요새 올리고[97] 있습니다.
그리고 그대 합당한 이유들 지키기 위해
손을 들어 나 저버리리라 선서합니다.
   가엾은 나 버리기 위해 그대 막강한 법 이용합니다.
   그러나 나는 사랑하는 이유 아무것도 댈 수 없습니다.

---

93 혹은 〈결함〉, 〈결점〉.
94 낯선 이방인처럼.
95 시인으로서 내가 할 수 있는 범위 안에서.
96 이 소네트를 가리킨다.
97 혹은 〈나 자신을 지키고〉.

50

내가 힘들고 긴 여정에 있을 때
내 지루한 여행의 끝, 내가 찾는 목적[98]이
그 평안과 안식에게 이리 말하라 가르친다.
〈그대 친구로부터 이처럼 먼 길을 그대는 떠나왔소.〉
슬픔으로 지친 나를 태운 말은 그 슬픔의 무게 신고[99]
마지못해 터벅터벅 걸어간다.
그대에게서 멀어지기에 제 주인 느리게 가려는 것
마치 본능으로 알기나 하듯이.
화가 나 옆구리에 피 흘리도록 깊이 박차 가해도
그 박차보다 더 아프게 들리는
슬픈 신음 소리만 흘릴 뿐,
내 말은 조금도 걸음을 재촉하지 않는다.
  그 신음 소리 내 마음에 이런 생각 가져오니,
  앞에는 내 슬픔이, 뒤에는 내 기쁨이 있음을.

---

98 다음 행의 〈평안과 안식〉을 가리킨다.
99 혹은 〈견디며〉.

51

그대에게서 멀어질 때 이처럼 내 사랑은 용서한다,
나를 태운 느림보 말 더디 가는 죄.
임 계신 곳 떠나갈 때 잦추를 필요 어디 있단 말인가?
다시 돌아오기 전에는 서두를 필요 없나니.
아, 아무리 빨리 달려도 느리게만 보일 돌아오는 그때
내 가련한 말 무슨 핑계 댈 수 있으리오?
그땐 내 바람 타고 박차를 가한들,
바람처럼 난들 느리게만 느낄 것을.
그때 어느 말이 내 바람[100]과 보조 맞출 수 있으리오?
느린 동물이 아니라, 가장 완벽한 사랑으로 이루어진
내 바람이 히힝 소리 내며 불같이 달리리라.[101]
그러나 사랑은 사랑 위해[102] 이렇게 내 노마 용서하리니.
   그대에게서 떠나올 때 그가 일부러 더디 갔으니,
   그대를 향해서는 내가 달리고 그는 이제 걷게 하리라.

---

100 〈소망〉, 혹은 〈욕망〉.
101 논란이 있는 부분이다. 〈완벽한 사랑으로 이루어진 욕망이 느린 말과 보조를 맞추지 않고〉, 혹은 〈말을 시중들지 않고〉 불같이 달릴 것이라는 해석도 가능하다.
102 혹은 〈불쌍해서〉, 〈자비심을 발휘해서〉.

52

나는 부자만 같구나,
자물통 채워 둔 달콤한 보석 열쇠 들고 찾아가네.[103]
어쩌다 보는 희락 무디지 않게 하려
자주 찾지도 않는 그 보석을.
그러니 눈의 호강은 뜸하고도 귀하다,
목걸이의 으뜸가는 보석이나
값나가는 보석처럼 드문드문 박혀
기나긴 한 해 동안 자주 없는 기회이기에.
나 보석함처럼[104] 그대 간직하는 시간도 그러하다.
숨겨진 자랑거리 새롭게 드러내[105]
특별한 순간 유독 즐겁게 하려
예복 숨긴 옷장이 그러하듯이.
 고귀한 신분으로 자유 누리는[106] 그대는 복된 사람,
 그대와 함께함은 환희, 따로 함은 희망이기에.

---

103 열쇠와 자물통은 전통적인 남녀 성기의 은유이다.
104 혹은 〈내 가슴으로〉.
105 남성의 발기한 성기를 의미하기도 한다.
106 〈높은 신분과 부를 가지고 싸돌아다닐 수 있는〉, 혹은 〈방탕한 생활을 즐기는〉.

53

그대는 대체 무엇으로 만들어진 사람이기에
수도 없이 낯선 그림자들 그대 따르는지!
만인 만물이 하나의 그림자만 가지거늘
한 사람인 그대는 수많은 그림자 비추누나.[107]
아도니스[108] 그려 놓아도 그 모습
그대에 비하면 형편없는 졸작이요,
온갖 기술 동원해 헬렌의 뺨 그려 놓아도
희랍 옷 입은 그대 다시 그린 것일 따름.
봄과 가을의 풍요를 말하자면
봄은 그대의 아름다운 그림자,
가을은 그대의 풍만함 드러내니
모든 복된 것에 그대 모습 있으리.
   온갖 아름다운 것들에 그대 깃든들,[109] 지조로는 그대
   누구와도 같지 않고, 누구도 그대 같지 않아라.[110]

---

107 속성, 혹은 자질이 많음을 의미한다.
108 고전 신화에서 비너스가 사랑한 미소년.
109 얼굴 아름다운 여인들과 그대가 놀아나고 있다는 뜻이다.
110 *none*과 *nun*의 발음의 유사성을 이용한 말장난. 수녀 같지 않다는 의미가 숨어 있다. 한편 셰익스피어 시대의 반가톨릭 정서 때문에 수녀는 창녀를 가리키는 속어로 사용되기도 했다.

54

아, 진실이 주는 그 달콤한 장식으로
아름다움은 얼마나 더 아름다워 보이는지!
그 속에 살아 있는 고운 향기로
아름다운 장미 한층 아름다운 것.
향기 품은 장미의 빛깔만큼이나
개장미 또한 짙은 빛깔 띠고
여름의 숨결이 가려진 봉오리[111] 드러낼 때
가시 줄기[112]에 앉아 살랑거리며[113] 노네.
그러나 그 매력 오직 겉모습일 뿐,
구애도 못 받고 살다 봐주는 이 없이 홀로 이울고 말 뿐,
향기 품은 장미는 그렇지 않다네,
향기로운 죽음에서 더없이 향기로운 향수 만들기에.
   아름답고 사랑스러운 젊은이여, 그 청춘[114] 시들 때
   그대에게서 나의 시 그대의 진실 뽑아내리라.

---

111 여성의 자궁에 대한 암시이다.
112 남성의 성기에 대한 암시이다.
113 지조를 지키지 않고, 바람을 피우며.
114 혹은 〈그 아름다움〉.

55

대리석도, 군주의 도금한 기념비도,
이 막강한 시보다 오래가지 못하리라.
더러운[115] 시간의 때 닦아 내지 않은 묘석보다
그대 이 시 속에서 더 밝게 빛나게 되리라.
파괴의 전쟁이 동상들 쓰러뜨리고
난리로 석공의 작품들 뿌리 뽑힐 때
마르스의 칼도, 전쟁의 타오르는 불길도
그대 기억한 살아 있는 기록 태우지 못하리니.
죽음과 모든 것을 망각으로 떨치는 적에 맞서
그대 걸어가리라, 이 세상 끝나는 심판의 날까지.
모든 후손들의 눈 속에도
그대에 대한 칭찬 깃들어 있으리라.
  그대 부활하는 심판의 날까지 그대 이곳에[116] 살아
  연인들[117]의 눈 속에 머무시기를.

---

115 창녀 같은.
116 이 소네트 안에서.
117 혹은 〈그대를 경모하는 사람들〉.

56

달콤한 사랑의 힘[118]이여, 그대 정력 새롭게 하라.
오늘은 허기 채워 달래 놓아도
내일이면 다시 옛 힘 회복하여 날카로워지는 색욕보다
그대의 날카로운 끝[119] 무뎌졌다는 말 듣지 않도록.
임이여, 그대도 마찬가지. 포만으로 눈 감길 때까지
오늘은 그대 배고픈 눈 가득 채워도
내일이면 그대 감은 다시 눈 뜨고,
영원한 포만으로 사랑의 신 죽일 수 없으니.
배고픈 눈 다시 채우기까지의 시간 대양이라 부르리라,
새로 언약 맺은 두 연인 매일같이
서로 사랑이 돌아옴을 볼 때 그 기쁨 더하도록
각자의 둑으로 달려가는 해안을 갈라놓으니.
　아니면 근심 가득한 겨울이라 부르리라.
　여름 오는 것이 세 배나 반갑고 소중한.

---

118 사랑의 육욕, 정력을 의미한다.
119 색욕을 칼날에 비유하고 있다.

57

나 그대의 노예이니

그대 원하는 때와 시간 기다릴밖에.

나 그대 요구하기까지는

소중한 시간[120]도, 할 일[121]도 없답니다.

나의 주인이여, 그대 기다리며 시계 바라보는 동안

끝 간 데 없는 그 시간 감히 나무라지 않습니다.

그대가 그대 하인에게 작별을 고한,

그 떨어져 있는 쓰디쓴 시간 또한 슬퍼하지 않습니다.

질투로 그대가 어디 계실까,

무슨 일 하고 계실까 추측지도 않습니다.[122]

단지 신중한 하인처럼 뒤에 남아 생각할 따름입니다,

그대 계신 곳에 함께하는 이들 얼마나 행복할까.

    그대의 욕망 속에서[123] 그대 무슨 짓 하신들

    서운함 모르는[124] 그 사랑은 더없는 바보랍니다.

---

120 그대와 함께하는 귀한 시간.

121 그대의 요구에 응하는 일. 성적인 암시가 강하다.

122 이 시 자체가 그러한 추측이다.

123 *in your will*. 색욕 가운데서, 혹은 윌리엄 셰익스피어의 이름을 딴 〈그대의 윌리엄 안에서〉.

124 나쁘게 생각하지 않는.

58

처음에 나를 그대 노예로 만드신 그 신[125]은 금하시니,
생각으로도 그대의 재미 보는 시간 제어하는 것,
그대 손에서 시간의 계산서 요구하는 것도.
나 그대 한가한 시간 기다려야 하는 종복이니
아, 그대 부름만 기다리는 나는
그대 방종이 가져다준 옥살이 같은 이별 아파할밖에.
고통에 길든 인내는 그대 부당함 나무라지도 못하고
온갖 비난 감수하누나.
그대가 원하는 곳 어디서나 그대의 특권 너무도 크기에
원하는 대로 그대는 시간 쓸 권리 가졌구나.
그러니 자신에게 가하는 자신의 죄
용서할 권리 역시 그대의 것.
　기다림이 지옥일지라도 나는 기다려야 하노니,
　좋든 나쁘든 그대 쾌락[126] 비난치 않고.

---

125 사랑의 신 큐피드.
126 *your pleasure*. 하인이 주인을 부르는 호칭으로 볼 수도 있다. 따라서 〈그대가 좋은 사람이든 나쁜 사람이든 비난하지 않고 기다려야만 한다〉는 해석도 가능하다.

59

무엇 하나 새로운 것 없고, 지금 것 전에 있던 것이라면,
우리 머리는 얼마나 속고 있는가!
창조의 산고를 겪으며 첫째 아이를 또다시
둘째라고 잘못 낳고 있으니.
아, 되돌아보는 기억이
태양이 5백 번 돌았던 너머로
옛 책에 그려진 그대 모습 보여 줄 수 있다면,
처음에 생각은 문자로 기록되었으니,
옛사람이 이 조화로운 그대 외모 두고
무슨 말 했는지 알아볼 수 있으련만.
우리가 더 나은지, 아니면 그들이 더 나은지.
아니면 세월 변해도 달라진 것 없는지.
   아, 나는 확신하네, 과거의 시인들
   훨씬 못한 것들 경탄하며 찬양했음을.

60

파도가 자갈밭 해안 향해 달려가듯
우리의 순간들 끝을 향해 서두른다.
각자는 앞서 간 것과 자리 바꾸며
계속되는 수고 가운데 앞을 다툰다.
한때 빛의 바다 가운데 있던 갓난아이는
성인을 향해 기어가고, 성인이 되고 나면
허리 굽은 황혼이 그의 영광과 맞서 싸운다.
시간은 주었던 선물 파괴하고
청춘의 이마에 자리했던 번영 파괴하며
미인의 이마에 평행선들 파놓고
자연의 진귀한 보물들 먹어 치운다.
그이 낫에 베이지 않을 자 없나니.
   그러나 나의 시 그대의 미덕 찬양하리
   미래의 시간에 맞서, 그 잔인한 손에 맞서.

61

그대 모습[127]으로 내 무거운 눈꺼풀들
긴긴 밤 지새우게 하는 것이 그대 뜻인가?
그대 닮은 모습들이 나의 눈 조롱하듯 속이는 동안
나의 잠 깨우는 것이 그대 바람인가?
집에서 너무나 멀리 떨어져 계신 그대
내 행실 염탐하러 먼 길 보낸 혼인가?
나의 수치스러운 비행과 빈둥거린 시간들
알아보는 것이 그대 의심하는 바요, 의도인가?
아니, 그대 사랑 크지만 그 정도는 아니요,
그대 다칠세라 파수꾼 노릇 하며
나의 눈 잠 못 들게 하며 나의 휴식 망치는 것은
나의 사랑, 나의 진실한 사랑 때문.
   그대 어디선가 깨어 있는 동안[128] 나 그대 위해 파수 보네.
   내게서 멀리 떨어져, 다른 이들과 가까이 벗하는 동안.

---

127 실체가 아닌 이미지, 그림자.
128 밤새워 주색을 즐기는 동안.

62

자애의 죄가 내 두 눈과 내 영혼과
내 모든 육신 사로잡고 있습니다.
내 마음속에 터 잡고 있어
이 병은 약도 없습니다.
내 생각에 내 얼굴만큼 매력적인 얼굴,
그렇게 잘생긴 얼굴 없고, 그렇게 값진 얼굴 없습니다.
내가 미덕에서 다른 모든 이들 능가하는 듯
나의 미덕 나만을 위해 규정합니다.
그러나 무두질한 가죽 같은 노년으로 씻기고 파인,
거울에 비친 내 진면목 볼 때
나는 나의 자기애 전혀 달리 해석합니다.
나와 같은 사람과 자기애에 빠지는 것 죄가 되리라고.
   그대 청춘의 아름다움으로 덧칠하며 나의 노년 칭찬함은
   나의 분신이여, 그대 위함인 것.

63

시간의 사악한 손길로 지금의 나처럼
내 임 부서지고 해어지게 될 그러한 때 대비하여,
그 청춘의 아침이 노년의 가파른 밤 여행할 때
시간이 그의 피 마르게 하고
그의 이마에 주름살과 이랑 채워 놓을 때
그의 보석 같은 봄날 훔쳐 감으로
지금은 그가 왕인 온갖 아름다움 사라지거나
눈앞에서 멀어지게 될 그러한 때 대비하여,
나는 파괴하는 세월
잔인한 칼날에 맞설 요새 쌓는다.
내 임 목숨[129] 가져갈지언정 달콤한 그이 아름다움
기억에서 도려내지 못하도록.
 그의 아름다움 이 검은 시행에 새겨지니,
 시가 사는 한 그 역시 그 안에서 늘 푸르리.

---

129 〈임을 사랑하는 내 목숨〉이라는 의미도 함축하고 있다.

64

시간의 잔혹한 손길에 다쳐 묻힌 과거의
화려한 영광 망가지는 것 볼 때,
한때 높았던 탑들 모조리 무너져 내려
영원한 청동 기념비 광기 어린 죽음의 노예 됨 볼 때,
배고픈 대양이 침략하여
해변 왕국 차지하고,
손실로 풍요 얻고, 풍요로 손실 입으며
굳은 땅 바다 이김을 볼 때,
세상만사 그리 뒤바뀌고
위대한 것들 파괴되어 쇠락함 볼 때
파괴는 내게 이렇게 숙고하라 가르친다,
시간이 와 내 임 데려갈 것이라고.
 이 생각 죽음만 같아서 가진 것 잃을까 두려워
 다만 울 수밖에 없구나.

65

우울한 죽음이 그 힘 제압하지 않는
청동도, 돌도, 대지도, 무한의 바다도 없으니
어찌 그 폭력에 맞서 아름다움이 탄원하랴?
그 힘[130] 꽃보다 강하지 못하니.
아, 어찌 여름의 달콤한 입김이
부수는 날들의 포위 공격 이겨 내랴?
뚫을 수 없는 바위도, 육중한 쇠문도
시간 앞에서 무너지고 부서지는 것을.
아, 끔찍하구나, 시간이 준 최고의 보석
시간의 금고[131] 말고 숨길 곳 없단 말인가?
시간의 빠른 걸음 제지할 강한 손 누구인가?
아름다움 약탈해 가는[132] 그를 막을 자 누구인가?
   검은 먹물 안에서 내 임 영원히 광채 발하는 기적 없다면
   아, 아무도 없구나.

---

130 혹은 〈법적 소송〉.
131 모든 것을 집어삼키는 시간의 무덤을 금고에 비유하고 있다. 나아가 〈관〉이라는 해석도 가능하다.
132 혹은 〈전리품을 챙기는〉.

66

이 모든 것[133]에 지쳐 안식할 죽음 달라 외치노라.
부자 되어 마땅할 사람 거지로 태어나고
무가치한 무지렁이 화려한 옷 걸치고
순결한 믿음 쉬이 저버림 당하고
황금 영예 치욕스레 실추되고
처녀의 정조 거칠게 유린당하고
온전한 정의 악으로 망가지고
힘은 절룩거리는 권력에 불구 되고
예술은 권위 앞에 침묵하고
어리석음이 — 현자처럼 — 지식 다루고
솔직한 진실은 어리석음이라 잘못 불리고
포로 된 선이 악한 대장 시중드네.
  이 모든 것에 지쳐 이런 세상 그만 떠나고 싶구나,
  내 죽어서 내 임 홀로 남겨 두지만 않을 양이면.[134]

---

133 아래에 예를 들고 있는 모든 현실들.
134 부조리한 세상에 대한 삶의 권태를 말하는 햄릿의 심정과 매우 흡사한 심정을 그리는 소네트이다.

67

아, 내 임은 왜 이 타락한 시대 살아
자신의 존재로 죄악을 매력으로 내세우고
죄로 하여 자신을 통해 득 보게 하고
죄와 벗하여 그를 치장해 주는가?
왜 거짓 화장이 임의 뺨 베끼고
생기 없는 겉모습이 임의 살아 있는 홍조 훔치는가?
왜 저급한 아름다움이 모조 장미 찾는가?
내 임의 장미가 진짜인 것을.
자연이 창조력 자랑하지만 혈관 붉게 흐를 피 탕진하고
임의 것 말고는 금고마저 비우며
임의 수입에 의존하는 파산자라면,
임은 왜 살아야 하는가!
 아, 자연이 내 임 풍성케 한다, 지금 이 흉년,
 오래전에 그 자신 얼마나 풍요로웠던가 보여 주려고.

68

이처럼 내 임의 뺨은 지난날들의 지도,[135]
거짓된 미의 외양 태어나기 전,
아니, 산 자의 이마에 감히 터 잡기 전,
지금의 꽃처럼 아름다움이 살다 죽어 가던 시절.
아니, 무덤의 것인 죽은 자
황금빛 머리채 잘려
두 번째 사람의 머리에서 되살아나기 전,[136]
아니, 미인의 죽은 머리칼이 다른 사람 빛나게 하기 전,
성스러웠던 과거는 내 임 안에서 엿보입니다.
아무런 장식 없는 진실한 모습 그대로.
다른 이의 창창함으로 자신의 여름 만들지도 않고
자신의 아름다움 새로이 하려 죽은 사람 훔치지도 않습니다.
   자연이 내 임 지도로 간직합니다,
   거짓 기술[137]에게 과거의 아름다움 보여 주려고.

---

135 그림이나 재현을 의미한다.
136 당시 가발 중에서도 특히 황금색 가발이 인기 있었다.
137 화장이나 가발과 같은 거짓된 치장술을 말한다.

69

세상의 눈이 바라보는 그대의 모습에 더해
가슴속 생각이 바랄 것 무엇 하나 없습니다.
모든 입과 영혼의 목소리 그대를 찬양하며
벌거벗은 진실을 말합니다, 적들마저도.
그대 외모 이렇게 공공연한 칭찬의 왕관 씁니다.
그러나 그대 받아 마땅한 칭찬 쏟던 바로 그 입들이
눈이 보여 준 것보다 멀리 보며
딴소리로[138] 이 칭찬 망가뜨립니다.
그대 마음의 아름다움 그들은 꿰뚫어 보며
그대 행실로 그 아름다움 측량합니다.
악당들의 눈 친절할지언정 그들 생각은
그대 아름다운 꽃에 잡초의 썩은 냄새 더합니다.
    그러나 그대 향기 그대 외모와 다른 이유[139]는
    다름 아닌 이것이니, 그대가 저속해졌다는.[140]

---

138 〈다른 억양으로〉, 혹은 〈다른 말로〉.
139 〈더러운 오점〉.
140 잡초처럼 아무 데서나 자라므로. 즉 저속한 사람들과 방탕하게 놀아나기 때문이다.

70

그대 비난받는 것 그대 잘못 아니니,
아름다움은 항상 비방의 대상이기에.
아름다움 장식하는 것은 의심이나니,
창공의 상쾌한 대기 가로지르는 까마귀.
그대가 선하다면 비방은 그저 증명할 뿐,
시대의 유혹 받고 있는 그대 미덕이 더 큼을.
벌레 같은 악은 가장 향기로운 꽃봉오리 사랑하지만
그대는 흠 없이 깨끗하게 그대 청춘 자랑하네.
그대는 공격받지 않았거나 공격의 승자 되어
젊은 날의 기습 모면했으니.
그러나 그대 칭찬함은 그런 정도 못 되는 것,
자유롭게 활보하는 의심 묶어 두지 못하니.
  비행에 대한 의심이 그대 모습 가리지 않았다면
  오직 그대만이 마음의 왕국들 소유하리.

71

내 죽거든 그동안만 울어 주오,
내 이 사악한 세상 떠나
가장 더러운 구더기들과 살러 갔다고
슬픈 제종이 세상에 경고 울리는 동안만.
아니, 이 시 읽게 되거든 이것 쓴 손 기억 말아 주오.
나를 생각함이 그대에게 고통 준다면
그대 달콤한 생각 가운데 잊히고 싶을 만큼
나 그대 사랑하기에.
아, 그대 정녕 이 시 쳐다보게 된다면
내 흙과 하나로 섞여 있을 때
내 불쌍한 이름 부르지도 말고
그대 사랑 내 목숨과 함께 사그라지게 하오,
   영악한 세상 그대 슬픔 꿰뚫어 보고
   나 죽은 후 나로 인해 그대 조롱하지 않도록.

72

내게 무슨 미덕 있었기에 나 죽은 후에도
나 사랑하는지 세인들이 그대에게 묻지 않도록
아, 사랑하는 임이여, 나를 온전히 잊어 주오.
그대 내게서 가치 있는 것 아무것도 찾을 수 없으니.
나 위해 나의 가치보다 더욱 나를 높이고
수전노 같은 진실이 부여하려는 것보다 많은 칭찬
죽은 내게 매달아 놓기 위해
그대 그럴듯한[141] 거짓말 만들어 내지 않는다면.
아, 사랑 위해 그대 나를 거짓되게 칭찬함으로
그대 진실한 사랑 거짓으로 보이지 않도록
내 이름 내 시체와 함께 묻히어
나와 그대에게 더는 수치가 되지 않게 하오.
   나의 시로 내가 모욕당하듯,
   무가치한 것 사랑함으로 그대 또한 그러리니.

---

141 그대의 미덕에서 나온 선의의 거짓말.

73

추위에 맞서 흔들리는 가지에
누런 잎 다 지거나 몇 개만 달려 있는
한 해 중 그런 때를 그대 내게서 보게 되리라.
흥겨운 새들 노래했던 벌거벗고 허물어진 성가대 단.
석양이 서쪽에서 사라지듯
그런 날의 황혼을 그대 내게서 보게 되리라.
만물을 안식 속에 가두는 죽음의 또 다른 자아,[142]
검은 밤이 이윽고 앗아 가버리는 황혼.
그대 내게서 이런 불타오름 보게 되리라.
청춘의 재로 사그라지는,
임종의 침상에서 사위어야 할,
타올랐던 것으로 재가 되어 소멸하는 불씨.
   이 사실 알기에 그대 사랑 더욱 열렬해져,
   곧 떠나갈 것[143] 그대 더욱 사랑하나니.

---

142 다음 행의 〈밤〉, 혹은 잠을 의미한다.
143 불 피우는 행위나 시인 자신을 뜻한다.

74

그러나 안심하시길. 누구도 놔주는 법 없이 잡아가는
그 잔인한 손길[144]이 나 데려갈 때
내 목숨은 이 속에서 한몫 차지함으로
기념비 되어 그대와 늘 벗하리니.
그대 이 시를 읽을 제, 바로 그 몫
그대에게 헌정된 것 보게 되리니.
흙은 자신의 몫만큼만 흙을 가지니,
내 더 나은 부분, 내 정신은 그대의 것.
구더기들의 먹이인 내 육신 죽을 때는
그대 그저 삶의 찌꺼기만 잃는 셈이라.
그대 기억하기에는 너무도 비루한,
악당[145]이 휘두른 칼의 천한 전리품.[146]
   육신의 가치는 육신이 담은 그 정신,
   그 정신 이 시에 살아 그대와 함께 남으리.

---

144 죽음을 소환관이나 옥리에 비유하고 있다.
145 죽음이나 시간.
146 죽음에 빼앗긴 육신.

75

그대는 내 생각의 양식. 음식이 목숨 지탱하듯,
다디단 봄철 소나기가 대지에 그러하듯.
그대가 주는 평온 위해 나는 전쟁 치른다,
수전노가 자신의 부와 전쟁 치르듯.
주인으로 자랑스러워하다가 이내
훔치는 세월이 보화 가져갈까 걱정하듯,
오직 그대와 함께함을 최고로 여기다가도
세인들 나의 기쁨 알아보는 것 더 귀히 여기니.
그대 모습 만끽하며 더없이 흡족해하다가도
이내 한 번이라도 보고파 허기지나니.
그대 주었거나 주게 될 기쁨 말고
나 어떤 기쁨도 없고 찾지도 않는다.
　이렇게 매일같이 나는 굶다가 포식한다.
　모두 먹어 치우면서도,[147] 허기진 빈 접시.

---

147 앞선 소네트들에 사용된 〈모든 것을 먹어 치우는 무덤〉, 즉 죽음이라는 이미지의 변형이다.

76

어찌하여 나의 시엔 새로운 장식 없는지?
변주와도, 생생하고 재빠른 변화와도 무관하네.
어찌하여 나는 세태 따라 곁눈질도 않는지?
새로운 기법과 낯선 문체와 시작에.
어찌하여 나는 항상 똑같은 방식만 고집하고
창작의 상상에 친숙한 옷만 입혀
모든 시어에 내 이름 드러나게 하며
그들의 출생과 연원 보여 주는지?
아, 달콤한 사랑이여, 나 항상 그대를 그린다네,
그대와 사랑이 항상 나의 주제이기에.
나의 최선은 이미 써버린 것들 거듭 쓰며[148]
낡은 단어들에 새 옷 입히는 것.
　태양이 매일같이 새롭고도 낡았듯이
　나의 사랑 항상 진부한 이야기 반복한다네.[149]

---

148 이곳의 〈쓰다〉는 원래 〈소비하다〉의 의미이다. 시에서 〈이미 소비된 것을 다시 소비한다〉는 의미가 글쓰기와 관련되어 있는 만큼, 우리말의 다의성을 살리는 의미에서 〈쓰다〉라는 단어를 택한다.
149 앞선 경제적 이미지에 부합하여 〈센 돈을 다시 센다〉는 의미도 함축하고 있다.

77

그대 아름다움 여위는 것 그대 거울이 보여 주고,
그대 소중한 순간들 사위는 것 그대 시곗바늘이 보여 준다.
빈 메모장이 그대 마음의 각인 간직하고
이 시집에 새겨진 유익 맛보게 되리라.
그대 거울이 숨김없이 보여 주는 주름들이
입 벌린 무덤들 그대에게 상기시켜 주리니.
은밀히 다가오는 시곗바늘의 느린 그림자로 그대
영원 향해 가는 시간의 도둑 발자국 알게 되리니.
그대 기억이 담을 수 없는 모든 것
이들 빈 종이에 맡기시라. 그리하면 알게 되리니,
그대의 머리에서 나 길러진 자식들[150]이
그대 마음의 새 친구 될 준비 되어 있음을.
    그대 볼 때마다 이것들[151]의 임무는
    그대에게 유익하고 그대의 책 풍요롭게 하는 것.

---

150 머리에서 태어나 기록으로 양육되어진 생각들.
151 거울과 시계와 생각을 적어 놓은 종이들을 바라봄.

78

나의 뮤즈로 나는 빈번히 그대 불렀고
나의 시에서 그처럼 호의적인 도움 받았노라.
그래서 낯선 시인들도 나의 방식[152] 따랐고
그대의 후원 아래 그들의 시 유포했도다.
벙어리 큰 소리로 노래하도록,
육중한 무식 높이 비상하도록 가르친 그대의 눈
식자의 날개에 깃털을 더해 주었고[153]
훌륭함에 이중의 영광 안겨 주었다.
그러나 내가 그리는 것 가장 자랑스레 여기시라.
그 영감 그대 것이고 그대에게서 태어났으니.
다른 시인들 작품에서 그대 한갓 문체만 고쳐 주어도
예술은 그대 아름다움으로 빛을 발한다.
   그러나 그대 내 전 예술이요,
   내 거친 무식 유식만큼이나 드높게 이끌어 주노니.

---

152 문체나 주제에 있어서.
153 매사냥에서 손상된 날개를 고치기 위해 깃털을 덧붙이는 일. 여기서는 시인의 깃펜을 다듬는 것을 의미한다.

79

나 홀로 그대의 도움 청했을 때는
그대 고귀한 아름다움 내 시만의 것.
그러나 이제 내 아름다운 시 사그라져
병든 뮤즈 다른 이에게 가버렸네.
달콤한 임이여, 그대 사랑의 주제는
더 훌륭한 시인의 노작에 어울리는 법.
그러나 그대의 시인이 그대 노래함은
그대에게서 훔쳐 온 것 돌려줄 뿐.
그대 묘사하는 미덕 그대 행실에서 훔친 것,
그가 그리는 아름다움도 그대 뺨에서 찾은 것.
그대에게 드리는 그의 칭찬은
단지 그대 안에 살아 있는 것일 뿐.
 그러니 그 시인의 수고에 감사란 필요치 않네,
 그가 그대에게 진 빚 그대가 갚아 주고 있으니.

80

아, 그대 그릴 때 나 얼마나 상심하는지요,
더 위대한 시인이 그대 이름 사용함 알기에.
그대 이름 상찬함에 그가 쏟는 온 힘이
그대 명성 노래하는 나 침묵게 합니다.
그러나 대양처럼 드넓은 그대 미덕은
큰 배뿐 아니라 미천한 배도 받아 주기에[154]
그의 것에 비해 훨씬 보잘것없는 내 조각배도
그대 넓은 바다에 감히 나타납니다.
그대 작은 도움으로 내 배 떠다니는 동안,
그는 그대 측량할 길 없는 심해[155] 누비고 다닙니다.
아니, 난파한 나는 값없는 작은 배,
그는 늠름한 위용 자랑하는 거함.[156]
    그는 번성하고 나는 난파해 버려질진대
    최악은 이것이니, 내 사랑이 내 파멸의 원인이었네.[157]

---

154 성적으로 문란하다는 암시가 깃들어 있다.
155 여성의 자궁을 암시한다.
156 체구가 좋고 성적으로 왕성함을 암시한다.
157 〈사랑하는 내 감정이 나를 파멸시켰다〉, 혹은 〈내가 사랑하는 사람이 나를 파멸시켰다〉라는 이중의 해석이 가능하다.

81

나 살아남아 그대 묘비명 만들랴,
아니면 나 땅속에서 썩을 때 그대 살아 있으랴.
내 자질 모두 잊힐지라도
죽음마저 그대 기억 이곳[158]에서 앗아 갈 수 없으리.
한번 가버린 나는 온 세상에서 죽게 되어도
그대 이름 이곳에서 영생 얻게 되리니.
그대 뭇 사람들 눈에 묻혀 있을 때
지상은 내게 평범한 무덤[159] 하나 내줄 뿐.
그대 기념비는 나의 귀한 시 되어
지상에서 숨 쉬는 모든 것들 죽어 있을 때
아직 태어나지 않은 눈들이 읽고
후세의 입들이 그대 존재 이야기하리니.
   생명이 호흡하는 곳에서, 사람들의 입속에서
   그대 항상 살아 있으리, 나의 시 그런 힘 가졌으니.

---

158 이 세상, 혹은 이 시를 뜻한다.
159 혹은 거지들의 무덤처럼 여러 시체를 한꺼번에 묻는 무덤을 의미한다.

82

그대 내 뮤즈와 결혼하지 않았음을 인정하노라.
그러니 작가들이 그들의 후견인에게 바치는,
모든 책들에 축복 가져오는 헌사, 그 지극한 언어들을
그대 흠도 없이 명예롭게 읽어 볼 수 있을 것이라.
아름다운 외모만큼이나 아는 것도 많아
그대 미덕은 내 칭찬의 영역 넘어서누나.
그러니 그대 새로이 찾을밖에,
한결 나은 시대의 보다 신선한 재주꾼들을.
임이여, 그리하시라.
그러나 그들 수사법 동원한 억지 재주 부릴 제
진실을 말하는 친구가 그린 진실한 언어 가운데서나
진실로 아름다운 그대 진실로 그려지리.
 그들의 조야한[160] 색조는 창백한 뺨에나 어울리는 것,[161]
 그대에겐 불필요한 것이기에.

---

160 〈지나친〉.
161 수사적 장식을 화장술에 비유하고 있다.

83

그대 아름다움에 색조 필요치 않다고 여겼기에
그대 아름다움에 색조 입히지 않았다네.
빚 갚겠다는 시인들의 무가치한 제안
그대 넘어선다 여겼기에, 그렇다 생각했기에
나 그대 칭찬 자제하고 게을렀다네.
살아 있는 그대 스스로 보여 주는데
그대 안에 살아 있는 미덕, 미덕 그림에 있어
평범한 지금 시인들 얼마나 부족한가.
나의 침묵을 그대 나의 죄로 여겼으니,
침묵이야말로 더없는 내 영광인 것을.
다른 시인들이 생명 줌으로써 죽음 가져오는 때에,[162]
침묵함으로 나는 아름다움 망치지 않는 까닭에.
    그대의 두 시인[163] 찬사의 언어로 표현하는 것보다
    그대 아름다운 두 눈에는 더한 생명 깃들어 있나니.

---

162 지나친 칭찬으로 오히려 아름다움을 망치는 때에.
163 셰익스피어 자신과 경쟁 시인들을 가리킨다.

84

그대만이 오직 그대라는 이 빼어난 칭찬보다
더 큰 최상의 칭찬 할 수 있는 시인 누구인가?
그대 같은 사람 위한 전범이 될 그런 풍족함이
누구에게 깃들어 있단 말인가?
자신의 글감에 작은 영광조차 부여 않는,
비쩍 마른 군색함 그 펜 안에 사는구나.
그러나 그대는 그대일 뿐이라고,
그대를 쓰는 시인 자신의 글 북돋는다.
그에게 단지 그대 안에 쓰인 것 베끼라 하라,
자연이 그처럼 빛나게 한 것 망치지 말고.
그런 복제품으로도 그의 천재는 명성 얻어
어디서나 그의 문체 찬양받으리.
    그대 칭찬을 망치는 그런 칭찬 어리석게 사랑함으로
    그대 복된 아름다움에 저주 더하나니.[164]

---

[164] 헛된 아부와 칭찬을 좋아함으로써 젊은이가 자신의 진정한 가치를 떨어뜨린다는 뜻과 함께, 경쟁 시인들의 값싼 칭찬을 부추김으로써 그 경쟁 시인들을 결국에는 망친다(저주한다)는 이중의 의미를 함축한다. 이곳에서 시인은 자신의 후원자이자 연인인 젊은 귀족 청년이 분별없이 아무나 칭찬함을 은근히 비판하고 있다.

85

입을 다문 나의 뮤즈는 점잖게 침묵 지킨다오.
화려하게 쓰인 그대 찬사하는 말들,
황금 펜촉으로[165] 그 값지고 아름다운 자태와
아홉 뮤즈들이 가꿔 놓은 귀한 표현 간직하는 동안.
다른 시인들 고운 시어 쓰는 동안 나 고운 생각 하며,
유능한 시인들 정교한 펜으로 세련되게 써내는
모든 찬가에 대고
나 무식한 서기처럼 늘 〈아멘〉이라 외친다오.
그대 칭찬하는 소리 들으면 〈그렇지, 사실이지〉라고
최상의 칭찬에 약간을 덧붙이며.
그러나 이건 생각뿐, 그대 향한 속 깊은 사랑에
마음은 앞서도 말은 뒤설 뿐.
   그러니 다른 시인들 숨결 같은 말[166] 침묵으로 말하는
   이녁 이 벙어리 냉가슴 귀히 여겨 주오.

---

165 장식적이고 화려한 문체로.
166 실체가 없는 말.

86

너무도 소중한 그대 차지하려는
부풀어 오른 늠름한 돛[167] 같은 그의 시가
무르익은 나의 생각들 머릿속에서 매장시키고
생각 자라나는 자궁 무덤으로 만들어 버리는가?
오르지 못할 높은 곳에서 쓰도록 혼들의 가르침 받은[168]
그의 정신[169]이 나를 침묵하게 만드는가?
아니, 그도, 그를 도와주는 밤의 친구들도
나의 시 침묵하게 만들지 않았으니.
그도, 밤마다 소문으로[170] 그를 속이며
다정하게 시중드는 그의 정령[171]도
나 침묵시킨 승자라 자랑할 수 없으리라.
나 그들로부터 어떤 두려움도 느끼지 않았으니.
   그러나 그대 얼굴이 그의 시행 채웠을 때[172]
   나는 글감[173] 잃고, 내 시는 피폐했나니.

---

167 발기한 남성의 성기에 대한 암시이다.
168 귀신에 홀리지 않고서야 사람으로서 할 수 있는 아첨이나 칭찬의 정도를 넘은 것.
169 〈정력〉, 〈정자〉의 뜻도 포함한다.
170 혹은 〈이런저런 정보로〉.
171 수호천사.
172 그대가 그의 시를 인정했을 때. 그러나 그의 시행은 1행에서 언급한 〈부풀어 오른 돛〉과 연결되어 〈그대의 자궁이 그의 성기를 받아 주었을 때〉, 〈그의 성기가 그대의 자궁을 채웠을 때〉라는 해석 또한 가능하다.

87

안녕히, 내 차지로는 그대 너무나 과분한 사람.
그대도 그대 가치 잘 알고 있소.
그대 미덕이 주는 특권이 그대 자유롭게 하여,
그대에 대한 나의 권리 다 소멸됐소.[174]
허락하지 아니하면 내 어찌 그대를 간직할 것이며,
그 많은 부 가운데 내 차지 어디 있단 말이오?
이 아름다운 선물 받을 자격 내게 없으니,
나의 특권 그대에게 되처 드리다.
그땐 그대 가치 몰랐기에 그대를 내주었거나
아니면 나 그대가 보내 준 선물 잘못 받았던 것.
오해로 받은 그대 위대한 선물
잘못 알았기에 이제 되돌려 드리다.
   아첨하는 꿈속에서처럼 그대 간직했으니,
   꿈속에선 왕이거늘 깨어나면 허무한 것.

---

173 이곳의 〈글감〉이란 틈새를 채워 넣는 물건이란 의미로, 성적인 암시를 강하게 내포한다.
174 그대와의 법적 계약은 시간이 지나면 무효가 되는 한정 계약이었음을 의미한다.

88

그대 언젠가 나 소홀히 여겨
내 가치 사람들 눈에 경멸의 대상 될 때,[175]
나는 그대 편에서 나 자신과 맞서 싸우며
그대가 언약 저버릴지언정 그대 미덕 증명하리라.
나의 약점 가장 잘 알기에
비난받을 내 감춰진 결점들
그대 위해 낱낱이 적어 놓으리라.
나를 잃음으로써 그대 많은 명예 얻도록.
이로 인해 나 역시 얻는 바 있으니,
사랑하는 나의 온갖 생각들 그대에게 향함으로
나 자신에게 스스로 가하는 손상
그대 이롭게 하여 내게 배나 득 되기에.
   내 사랑 그 정도니 나는 그대의 것,
    그대 이익 위해 모든 악 스스로 짊어지나니.

---

175 혹은 〈그대가 나의 가치를 경멸스럽게 바라볼 때〉.

89

나의 과오로 그대 나 버렸다 하시면
나는 그 과오 자세히 설명하리다.
내 절름거림 말하시면 내 곧장 다리 절어
그대 주장에 어떤 변명도 하지 않으리다.
임이여, 나 떠나고 싶은 그대 마음 정당화하려
그대 내게 가할 치욕은 반도 되지 못한다오,
그대 뜻 알기에 내가 스스로에게 가할 치욕에 비하면.
내 그대 알은체 않고 낯선 사람처럼 보이리다.
그대 다니시는 길목 멀리하고
내 혀에 달콤한 임의 이름 올려놓지 않으리다.
너무나 속된 내가 임의 이름 더럽히지 않도록,
행여나 옛 친숙함 발설하지 않도록.
   그대 위해 맹세코 나 자신과 싸우리다,
   그대 미워하는 자 나도 사랑할 수 없으니.

90

그러니 그대 원할 때 나 미워하오, 지금이라도.
세상이 작심하고 나의 행동 막으려는 지금
적의에 찬 운명의 여신과 한패 되어 나를 쓰러뜨리고,
뒤늦게 해치려 공격하지 마오.
아, 내 마음 이 슬픔 벗어났을 때
이겨 낸 슬픔의 뒷자락에 끼어들지 마오.
그대 의도한 파멸의 시간 연장하려
바람 부는 저녁에 비 오는 아침 주지 마오.
떠나려거든 온갖 작은 슬픔들로 나 망치고서
마지막 때에 떠나지 마오.
초반에 습격하여 처음부터 나 맛보게 해주오,
운명의 여신 가장 가혹한 힘을.
   지금 고통으로 느끼는 다른 고통,
   그대 잃는 것에 비하면 아무것도 아니기에.

91

어떤 이들은 출생, 어떤 이들은 지식 뽐내고,
어떤 이들은 부, 어떤 이들은 힘 자랑한다.
어떤 이들은 유행 따라 보기 흉한 의상 과시하고,
어떤 이들은 매와 사냥개, 어떤 이들은 말 자랑한다.
온갖 기질의 사람마다 각자의 기호 있어
거기에서 다른 것보다 더한 기쁨 찾는다.
그러나 이 구체적인 것들 내 행복의 기준 아니니,
나는 단 하나 최선의 보편으로 이 모든 것 능가하기에.
그대 사랑 내게 고귀한 출생보다 값지고,
부보다 풍요롭고, 비싼 의상보다 자랑스럽고,
매나 말보다 더한 즐거움 가져다주기에.
그대 가졌기로 나도 뭇 사람들 자랑거리 자랑하노니.
   다만 비참한 것, 그대 이 모든 것 가져가면
   나 가장 비참한 사람일 뿐이니.

92

허나 매정하게 가려거든 가시라,
생명 다하도록 그대 나의 것이니.
그대 사랑에 그 목숨 의지하고 있으니
그대 사랑하는 동안만 그 생명 붙어 있노라.
사소한 해악[176]으로 내 목숨 끝나게 될 때
가장 큰 해악도 나 두려워할 필요 없나니.
그대 변덕에 의지해야 할 정도로
내 팔자 그렇게 기구하지 않노라.[177]
그대 변덕으로 나 괴롭히지 마시길,
나의 목숨 그대 변심에 달려 있으니.
아, 나 얼마나 다행스러운 권리 가졌는가,
그대 사랑으로 행복하게 살고 죽으니!
   아무 흠 없이 복되고 아름다운 것[178] 무엇이리오.
   그대 부정 범할지라도 나 모르는 일.

---

176 그대의 사랑이 식어 간다는 가장 사소한 징조나 암시.
177 주인의 변덕에 따라 죽고 사는 노예보다 자신은 더 잘 대접받아 마땅하다는 시인의 불만을 나타낸다.
178 젊은이를 의미한다.

93

그러니 그대 진실한 사람이라 여기며 살아가렵니다,
속고 사는 남편처럼. 그러므로 내 임의 얼굴
새롭게 변했어도, 항상 사랑스러울 겁니다.
그대 마음 딴 데 있어도 그대 얼굴 나와 함께합니다.
그대 눈 속엔 미움 깃들 수 없으니.
그러므로 그대 눈에서 그대 변심 읽을 수 없답니다.
많은 사람들 얼굴에 부정한 마음의 내력 쓰여 있습니다,
어둠과 찡그림과 낯선 표정으로.
그러나 그대 점지한 하늘은 선포했습니다,
그대 얼굴에는 항상 달콤한 사랑만 깃들 거라고.
그대 생각, 그대 속마음 어떠하든
그대 얼굴 다만 사랑스러움만 보여 줍니다.
   그대 향기로운 미덕 그대 모습과 일치하지 않는다면,
   그대 아름다움 이브의 사과[179] 될까 두려울 뿐입니다.

---

179 겉보기에는 아름답지만 먹으면 파멸을 가져오는 선악과를 의미한다.

94

해칠 힘 있지만 아무도 해치지 않고
겉으로 드러낼 뿐 실제로 행하지는 않는 이들,
자신들은 돌처럼 차갑게 까닥 잃은 채
다른 사람들 부추기는[180] 유혹에 느린 이들,
그런 이들이 정당하게 천국의 은혜 누리고,
자연의 풍만함 낭비 않고 아끼는 자들입니다.
그들은 자신들 얼굴의 주인이자 소유자,
다른 이들은 그들의 미덕 지키는 하인들.
홀로 외롭게 살다 죽더라도
여름 꽃은 여름 한철 향기롭습니다.
그러나 그 꽃 더러운 병[181] 걸리면
그 아름다움 잡초만 못하게 됩니다.
   더없이 향기로운 것[182]도 행실로 한없이 추해집니다.
   썩어 가는 백합은 잡초보다 더한 악취 풍깁니다.

---

180 성행위를 하도록 하는.
181 성병에 대한 암시가 강하다. 이곳의 〈더럽다〉는 〈아랫도리〉라는 의미도 함축한다.
182 성기에 대한 암시이다.

95

그대 치욕을 얼마나 달콤하고 사랑스럽게 만드는지!
향기로운 장미 속 벌레처럼 그 치욕
그대 피어오르는 고운 명성 더럽히지만.
아, 그대 향긋한 것들[183] 속에 그대의 죄 잘도 가두는구나!
그대 청춘의 날들 말하는 그 혀는
그대 방탕한 행락 이야기하지만
그대 이름 거론하면 악담도 찬사가 되노니,
그대 비난하는 족족 칭찬 되네.
그 거처로 그대 택했으니,
아, 악덕의 집 얼마나 거대한지!
그곳에선 오점도 미의 면사포로 가려지고
눈에 비친 모든 것 아름답게 변한다네.
   사랑하는 임이여, 이 대단한[184] 특권 조심하시길.
   한없이 강한 칼도 오용하면 무뎌지는 법이기에.[185]

---

183 향기로운 꽃잎의 이미지를 통해 여성의 성기를 암시한다.
184 자유분방한, 방종한.
185 남성의 성기와 성병에 대한 암시이다.

96

누구는 청춘이 그대 흠[186]이라고, 누구는 호색이라고,
누구는 젊음과 양반다운 사랑 놀이 그대 미덕이라고 한다.
고하를 막론하고 사람들은 미덕도 결점도 사랑한다.
그대 따르는 결함[187] 그대는 미덕으로 변화시킨다.
권좌에 앉은 여왕의 손가락 위에서
보잘것없는 보석도 높은 평가 받듯이
그대가 보여 주는 잘못[188]들
미덕으로 변질되어 진실이라 여겨진다.
자신의 모습 양처럼 바꿀 수 있다면
잔인한 늑대 얼마나 많은 양들 망치리오.
그대 힘 있는 지위와 신분 이용한다면
그대 얼마나 많은 숭배자들 헤매게 하리오.
   그러나 그러지 마오. 그대 나의 것이니,
   그대 명성 내 것처럼 나 그대 사랑하고 있으니.[189]

---

186 〈흠〉, 〈결함〉 등은 속어로 여성의 자궁을 의미하기도 한다.
187 그대와 관계하는 여인들은 모두 은총을 입는다는 의미도 함축한다.
188 길에서 벗어남, 성적인 문란을 암시한다.
189 마지막 두 행은 36번 소네트의 결구를 그대로 반복하고 있다.

97

그대, 달아나는 여름철 기쁨에게서 멀어져 있던 시간
얼마나 겨울 같았던가!
얼마나 맹렬하게 추웠고, 날들은 어두웠고,
늙은 12월의 황량함은 도처를 덮었던가!
이 이별의 시간 여름철이었고,
발랄했던 봄철의 아이 잉태하여
남편과 사별한 후 홀로 된 여인의 자궁처럼
가득한 결실로 부풀어 오른 풍만한 가을 뒤따르니.
그러나 이 풍성한 결실의 자식도
내게는 고아들의 희망이자 유복자.
여름철의 즐거움이 그대 따르니
그대 멀어지면 새들마저 침묵하노라.
  아니, 노래한들 흥이 없어 잎들마저 창백하니,
  겨울 가까웠음이 두려워.

98

봄철에 그대와 나 떨어져 있었습니다.
알록달록한 사월 고운 옷 차려입고
만물에 젊음의 기운 불어넣어
침울한 새턴 신마저[190] 웃으며 뛰놀던 시절에.
그러나 새들의 노래도, 형형색색 꽃들의 일만 향기도
내게 즐거운 여름 얘기 읊조리거나
그들 자라난 화려한 땅에서
꽃가지 꺾게 하지 못했습니다.
백합의 순백색에 나 놀라지도 않았고
장미의 진홍색을 상찬하지도 않았습니다.
그들은 단지 이 모든 것들의 모범인 그대 본뜬
향기롭고, 즐거운 그림에 불과했기에.
   여름은 영원히 겨울 같았고, 그대 떠나 있기에
   그대의 초상화인 양 나 이들과 놀았습니다.

---

190 셰익스피어 시대에는 토성의 영향으로 우울증이 생긴다고 믿었다.

99

이른 제비꽃을 나 이렇게 나무랐으니,
향기로운 도둑이여, 내 임 입김 아니면
어디서 그 향기 훔쳤을까?
네 부드러운 뺨에 빛깔로 깃든 주홍빛 화려함
내 임의 혈관에서 분명 물들인 것이리.
그대의 손 훔쳤다고 나 백합 비난했고,
그대의 머리채 훔친 박하 꽃봉오리 비난했으니.
장미들 겁에 질려 가시 줄기에 서 있네,
붉은 장미는 수치스러워, 흰 장미는 희디흰[191] 절망에.
이 모든 것 훔친, 붉지도 희지도 않은 장미는
그 절도에 그대 입김 훔친 죄 더했으니.
그러나 도둑질의 벌로, 한창 화려하게 자랄 때
복수심에 찬 벌레가 갉아 먹어 죽였나니.
   더 많은 꽃들 보았지만 한결같이
   그 향기 그 색깔 그대에게서 훔쳐 온 것.[192]

191 겁에 질려 창백함.
192 전 소네트 가운데 유일하게 15행으로 된 것이다.

100

뮤즈여, 그대 어디 있기에 이토록 오래 잊고 있는가,
그대에게 온갖 힘 주는 이 노래 부르는 일.
어떤 무가치한 노래에 그대 열기[193] 쏟아
비루한 것들 빛내느라 그대 힘 흐리고 있는가?
망각의 뮤즈여, 돌아와 곧장 되갚으라,
그토록 부질없이 허비한 시간, 귀한 시[194]로.
그대의 노래 귀히 여기는 귀에 노래하고
그대의 펜에 기교와 시제 부여하라.
맥없는 뮤즈여, 일어나 내 임의 얼굴 살피라,
시간이 거기에 주름 새겨 놓지는 않았는지.
그리하였거든 파괴를 풍자하는 시인 되어
시간의 전리품 만방에서 경멸당하게 하라.
  생명 소진하는 시간보다 빨리 내 임에게 명성 주어
  시간의 낫과 굽은 칼날[195] 막으라.

---

193 시적 영감.
194 2행의 〈무가치한 노래〉(천한 시)와 대비되는, 귀족을 노래하는 시.
195 동어 반복. 〈굽은 칼〉이 바로 〈낫〉이다.

101

아, 나태한 뮤즈여, 아름다움에 물든 미덕 무시한
그대의 태만 어찌 메우려는가?
미덕과 아름다움 모두 내 임에게 달려 있듯
그대 또한 그러하고 그곳에서 위엄 얻나니.
뮤즈여, 그대 이렇게 변명할 생각인가?
〈바래지 않는 색 지닌 미덕은 색[196]이 필요치 않으며
아름다움은 진수를 그려 줄 펜이 필요치 않지요.
결코 섞이지 않을 때 최고는 최고로 남습니다.〉[197]
내 임은 칭찬 필요 없으니 그대 침묵할 것인가?
그렇게 침묵을 변호 말라,
내 임 황금 무덤보다 오래 살게 하고
후세에도 칭찬받게 할 그 힘 그대에게 있으니.
  그러니 뮤즈여, 그대 의무 다하라.
  내 임 오랜 후에도 지금 같아 보일 방법 가르쳐 주리니.

---

196 인위적인 장식이나 가식.
197 뮤즈의 불필요한, 혹은 부적절한 말과 섞이지 않아야 한다는 뜻이다.

102

겉으론 약해 보여도 내 임 힘이 셉니다.
겉으론 드러내진 않지만 나 그대 더욱 사랑합니다.
귀한 사랑의 가치를 도처에 뿌리는 이의 사랑은
장사꾼의 사랑입니다.
우리의 사랑은 앳된 봄철 맞아
한때 나의 노래로 그 사랑에 인사 보내곤 했습니다.
마치 나이팅게일이 여름의 문턱에서 노래하다
세월 무르익음에 그 노래 그치듯.
그녀의 슬픈 곡조가 밤을 침묵으로 몰아넣던 그 여름보다
지금이 즐겁지 않은 것 아닙니다.
들새들[198] 가지마다 앉아 노래하면[199]
기쁨이 진부해져 그 귀한 즐거움 잃는 법.
  그래서 나도 나이팅게일처럼 가끔 입을 닫습니다,
  내 노래로 그대의 귀 멍하게 하고 싶지 않기에.

---

198 〈거칠게 계속 울어 대는 새들〉이라는 뜻도 있다.
199 혹은 〈들새들이 수없이 가지에 매달려 그 가지 늘어지면〉.

103

아, 나의 뮤즈는 졸작 낳는구나.
내가 덧붙이는 칭찬보다
더욱 가치 있는 장식 필요치 않은 시제[200] 있어
마음껏 자신의 화려함 자랑할 수 있는 때에.
아, 나 더 이상 시 짓지 못해도 나무라지 마시라!
그대의 거울 보라, 거기 한 얼굴 드러나니,
내 둔한 상상 넘어서는 빼어난 모습으로
내 시 따분하게 만들어 내 명성 실추시킨다.
이미 훌륭한 시제 고치려다
상하게 함은 죄 되지 않겠는가?
그대 아름다움과 자질 노래하는 것 외에
나의 시 다른 목적 품지 않노니.
   그대 거울 들여다볼 때 그 속에 비친 모습보다
   많은 것, 더욱 많은 것 내 시는 보여 줄 수 있으리.

---

200 젊음, 혹은 젊은이를 의미한다.

104

아름다운 임이여, 그대 내게 항상 청춘입니다,
나 그대 눈 처음 보았을 적 그 모습 그대로
그대 아름다움 항상 같아 보이니까요.
세 번의 추운 겨울이 숲에서 여름의 화려함 흔들어 떨치고,
세 번의 아름다운 봄철이 노란 가을로 넘어가는 것
계절의 변화 속에서 나는 보았습니다.
여전히 풋풋한 젊은 그대 처음 본 후
세 번의 사월 향기가 세 번의 뜨거운 유월에 타올랐습니다.
아, 그러나 아름다움은 시곗바늘처럼
그 발자국 아무도 모르게 숫자판[201]에서 달아납니다.
내겐 항상 멈춰 있는 듯했던 그대 달콤한 모습도
움직이며 나의 눈 속이고 있습니다.
    태어나지 않은 미래여, 이것[202] 두렵거든 이 말 들어 주오.
    그대가 태어나기 전에 아름다운 여름[203] 죽었다고.

---

201 젊은이의 외모를 의미한다.
202 죽음으로 향하는 시간의 흐름.
203 아름다운 젊은이.

105

내 사랑 광신이라 부르지 말라,
내 임 우상처럼 보이게 하지 말라,
내 모든 노래와 예찬 한결같이
단 한 사람 위해, 단 한 사람 향해 있다고.
내 임 오늘도 선하고, 내일도 선하며
놀라운 미덕으로 언제나 변함없으니.
그래서 나의 시도 변함없는 지조에 묶여
하나만 노래하면서 바뀔 줄 모르거늘.
나의 시제 아름답고 친절하고 진실하니
아름답고 친절하고 진실하다는 단어만 변주될 뿐.
세 가지 주제 하나로 모여[204] 놀라운 자유 부여하니
이 변주에 내 상상력 죄 소진하누나.
   아름답고 친절하고 진실함은 늘 멀리 살아
   지금껏 셋이 함께한 바 없었도다.

---

[204] 이 소네트의 첫 행에서부터 암시되는 종교적인 주제가 기독교의 삼위일체 교리로 집약되고 있다.

106

지나간 시간의 연대기 속에서
가장 아름다운 사람들에 대한 묘사,
죽은 여인들과 매력적인 기사들 칭찬하는
아름다운 옛 가락 미인들이 자아낸 것 볼 때
나는 알게 되노라. 달콤한 미인 최상의 장식에서,
손과 발과 입술과 눈과 이마의 묘사 가운데서,
그들의 오래된 펜이 그리려 한 것
바로 그대 지금 지닌 아름다움임을.
그들의 모든 칭찬 지금 우리 시대 예언했을 뿐.
하나같이 그대 미리 그렸을 뿐.
그들 단지 어렴풋한 예감으로 바라보았기에
그대의 미덕 충분히 노래하지 못했네.
   그러나 이 현재를 바라보는 우리들 또한
   찬탄할 눈 가졌으되 칭찬할 혀 지니지 못한 것을.

107

나 자신의 두려움도,
다가올 것들 꿈꾸며 드넓은 세상 예감하는 영혼도,
내 진실한 사랑 정해진 기한[205] 다하면
소멸될 것으로 정할 수 없노라.
죽음의 달도 월식 견뎌 냈고,[206]
불확실함은 이제 확실함의 왕관 쓰고,[207]
월계수는 대대로 태평성대 선언하노니,[208]
비극의 예언자들 이제 조롱거리 되었기에.
이제 이 평온한 시대의 성유[209] 방울로써
내 사랑이 기운차니 죽음도 내게 굴복하누나.
어리석고 말없는 이들 이겼다고 환호하는 동안
그에 맞서 나 이 가난한 시 속에서 살아갈 것이기에.
 그대 이곳에서 그대 기념비 찾게 되리라,
 왕들의 문장과 청동 무덤 다 사라질 때에도.

205 기한이 다하면 계약이 무효화되는 한정 계약이기 때문이다. 87번 소네트 참조.
206 엘리자베스 1세는 결혼을 하지 않았기 때문에 처녀의 신이자 달의 여신인 디아나에 비견되었다. 따라서 이 소네트는 흔히 여왕이 죽은 1603년에 쓰인 것으로 추정된다.
207 엘리자베스 여왕이 죽고 제임스 1세가 즉위함으로써 후계 문제를 둘러싼 정치적 불안이 해소되었다.
208 제임스 왕은 스스로를 국제 평화의 조정자라 여겼다.
209 왕의 대관식 때 쓰는 축성 기름을 뜻한다.

108

먹으로 쓸 수 있는 그 무엇이 머릿속에 남아 있으랴,
그대에게 미처 보이지 않은 내 진실한 마음.
내 사랑이나 그대 소중한 가치 그릴 새로운 말 무엇이며
새삼 기록할 것 무엇이랴?
달콤한 임이여, 아무것도 없노라.
그러나 기도처럼 나는 매일 같은 말 반복하네.
옛것을 옛것이라 않고 그대 내 것, 나 그대 것이라 할 뿐.
그대 아름다운 이름 성스럽게 불렀던 처음 그때처럼,
끝없는 사랑이 사랑의 신선함 속에서
노년의 먼지와 상처 괘념치 않고
세월의 주름에 양보하지 않고
세월을 영원토록 자신[210]의 시종 삼기 위해.
    시간과 외모 죽었다고 보여 주려는 그곳에[211]
    사랑의 첫 잉태 자라나고 있었기에.

---

210 달콤한 임, 영원한 사랑.
211 달콤한 임 가운데, 혹은 시 가운데.

109

아, 나 변심했다고 결코 말하지 마오,
비록 이별로 나의 열정 쇠잔한 듯 보일지라도.
그대 품에 깃든 내 영혼에서 떠남보다
나 스스로에게서 떠남이 쉬울 것이니.
그곳이 내 사랑의 집, 방랑자처럼 나 헤매었다 해도
내 오점 씻을 눈물을 흘리며
시간 속에서 변하지 않고 때맞춰 돌아오리니.
모든 이들 부여잡은 온갖 약점이
내 천성 가운데 군림한다 해도
그대 결코 믿지 마오,
하찮은 것 때문에 그대 보배 떠날 만큼
나 터무니없이 타락할 수 있으리라고는.
  이 드넓은 세상 나는 무(無)라 부르리라,
  나의 장미 그대 말고는. 그곳에서 그대는 나의 전부.

110

아, 애석하게도 나 이곳저곳 다니며
사람들 눈에 구경거리 된 것 사실이요,
내 생각에 상처 내고, 가장 값진 것 헐값에 팔고
옛 격정의 죄 다시 저지른 것도 사실이요,
미덕²¹²을 낯설게²¹³ 곁눈질한 것도 확실하게 사실이라.
그러나 하늘에 맹세코 이 곁눈질²¹⁴이
내 가슴에 새 청춘 주었고
바람 피워 보고야 그대 사랑 최고임을 알았으니.
끝나지 않을 사랑 가진 바에야 이제 다 끝난 것.
나를 사로잡은 사랑의 신
더는 새 실험물로 나의 색욕 연마하여
옛 애인 시험하지 않으리.
   그러니 나의 천국 다음가는 최상의 임이여, 환영해 주오,
   그대 순결하고 더없이, 더없이 사랑하는²¹⁵ 품속으로.

---

212 정조.
213 낯선 사람 대하듯이.
214 위에서 열거한 모든 잘못들.
215 최고로 사랑한다는 뜻 외에 여러 사람을 사랑한다는 암시가 깃들어 있다.

111

아, 나를 위해 그대 행운의 여신 나무라는구나,
나의 못된 행동에 책임 있는 그 여신의 죄 묻는구나.
예의 없는 대중들 섬기는 것으로
겨우 내 생계 유지케 한 죄 묻는구나.
그곳으로부터 내 이름엔 낙인찍히고,
그곳으로부터 내 천성은 염색장이 손처럼
그 무리들 속에 묶이게 되나니.
그렇다면 나 불쌍히 여겨 회복게 해달라,
나의 독한 역병 낫게 할 식초[216]병
환자처럼 기꺼이 마시겠으니.
어떤 쓰라림도 쓰라리다 생각하지 않을 것이요,
고친 병 거듭 고친다고 이중의 고난으로 여기지 않으리니.
   사랑하는 임이여, 그러니 나 불쌍히 여겨 달라,
   확언하건대 그대 자비심 나를 치유하기에 족하나니.

---

216 역병을 막아 주는 것으로 여겨졌다. 여기서는 아래 나오는 쓰라림을 상징한다.

112

속된 추문이 내 이마에 찍어 놓은 낙인,
그대 사랑과 자비가 지워 줍니다.
그대 나의 잘못 덮어 주고 나의 선 인정해 주는데
누가 나를 악하다 선하다 부른들 상관하리까?
나의 온 세상 그대이기에 나는 그대 입에서
내 잘못과 칭찬 들으려 애씁니다.
내가 누구도 변화시킬 수 없듯, 그대 아닌 누구도
강철처럼 굳은 내 선악의 분별력 바꿀 수 없습니다.
다른 이들의 목소리에 대한 관심
나는 저 깊숙한 심연에 던져
귀 막은 독사[217]처럼 비난과 칭찬에 귀 막았습니다.
나의 무시[218] 내가 어떻게 변명하는지[219] 들어 보세요.
　그대가 내 마음속에 너무나 강하게 자라고 있어
　그 외 온 세상 죽었다 여기는 것을.

---

217 독사는 뱀 마법사의 피리 소리에 빠지지 않기 위해 귀를 막는다고 여겨졌다.
218 다른 사람들을 향한 나의 무시, 혹은 나를 향한 다른 사람들의 무시.
219 혹은 〈무시하는지〉.

113

나 그대 떠난 이래, 내 마음속에 있어
나 돌아다니는 곳 보여 주는 나의 눈은
반쯤은 떠 있고 반쯤은 감겨 있어
보고 있는 듯 실제로는 눈멀었습니다.
눈에 들어오는 새, 꽃, 혹은 다른 형상들
눈은 마음에 전해 주지 못하니까요.
달아나는[220] 것들을 마음은 알지 못하며
목격하는 것들을 눈은 붙들지 못합니다.
가장 조야한 것이나 가장 고귀한 것,
가장 달콤한 얼굴이나 가장 추한 모습,
산이나 바다나 밤이나 낮, 까마귀나 비둘기를 보아도
내 눈은 이것들 그대 모습으로 바꿔 놓기 때문입니다.
   그대로 가득 차 있어 다른 것들 받아들일 수 없는
   나의 가장 충실한 마음은 이렇게 나의 눈 속입니다.

---

220 혹은 〈살아 있는〉.

114

그대 가졌기에 왕관을 쓴 내 마음
군주의 병인 이 아첨의 술 마신 것이랴?[221]
아니면 나의 눈 진실을 말한다고 하랴?
그대 사랑이 내 눈에 연금술 가르쳐
괴물들과 형체 없는 것들을
그대 달콤한 모습 닮은 천사로 만들어 버리고,
눈빛[222] 안에 들어오는 족족 지체 없이
최악의 것들 완벽한 최상으로 만든다 하랴?
아, 나의 위대한 마음 군주답게 들이켜는 이 술은
첫 번째 것, 내 눈의 아첨이노니.
내 눈 마음의 취향에 어울리는 것 잘 알기에
마음의 혀끝에 그 아첨의 잔 가져다주노라.
 그 잔에 독 들었다 해도 그 죄 미약하노니,
 내 눈이 그 독배 사랑하여 먼저 마셨기에.

---

221 앞선 113번 소네트에서 말한 부정한 눈의 작용, 눈속임을 의미한다.
222 당시에는 눈이 발산하는 빛이 사물과 만나 시각이 형성된다고 생각되었다.

115

내가 전에 썼던 시들은 거짓이라,
더할 나위 없이 그대 사랑한다 했던 것들마저.
그때의 나 알지 못했으니,
가장 충만한 불꽃 나중에 더 밝게 타오르는 것을.
그러나 헤아릴 수 없는 사건으로 언약 사이에 끼어들고,
왕의 칙령 바꿔 놓고, 순백의 미 흐려 놓고,
가장 날카로운 이빨도 무디게 하는 셈하는 시간이
세상 변화 따르도록 굳은 마음 바꿔 놓았어라.
아, 모든 것이 불확실함을 확신했을 때,
미래를 의심하고 현재를 최고로 여기며,
시간의 폭정 두려워하며 그때 나 왜 말하지 않았던가,
〈지금 그대를 가장 사랑하노라〉고.[223]
　사랑은 갓난아이.[224] 나 그리 말해선[225] 안 되었구나.
　항상 자라고 있는 그 사랑 더욱 충만히 자라도록.

---

223 왜 〈지금〉이라는 단어를 강조하지 않았던가 하는 의미이다.
224 사랑의 신 큐피드는 전통적으로 어린아이로 묘사된다.
225 위에서 말한 〈지금 그대를 가장 사랑하노라〉.

116

진실한 마음의 결혼에 나 장해물 되지 않기를.[226]
변할 때면 변하는 사랑도,
임 떠나가면 떠나가는 마음도
사랑이 아니므로.
아, 아니어라, 사랑은 영원한 붙박이 표시,
태풍을 보고도 흔들리지 않는 법.
사랑은 방황하는 배들의 북극성,
그 높이 측정할 수 있어도 그 가치는 무한대.
장밋빛 입술과 뺨 굽은 낫의 원 안에 갇힐지라도
사랑은 시간의 노리개 아니어라.
사랑은 시간 가고 세월 흘러도 변하지 않고
최후의 심판 때까지 살아남느니.
  이 생각 잘못이고 내가 그 잘못 범했음이 입증된다면
  나 결코 시인 아니었고, 지금껏 사랑한 사람도 없었어라.

---

226 결혼 의식 중 신부가 회중들에게 〈결혼에 대해 정당한 이의가 있으면 말하라〉고 하는 관습에 대한 인유이다.

117

이렇게 나를 기소하세요.
그대 미덕 되갚는 데 너무 소홀했으며,
매일같이 나를 꽁꽁 묶어 놓는
그대 사랑 불러 찾는 일 잊었으며,
자주 낯선 이들과 벗하느라
그대 값비싼 권리인 시간 허비했으며,
그대 모습에서 나 더욱 멀리 실어 갈
온갖 바람에 돛을 올렸다고.
나의 색정과 비행 모두 기소장에 기록하시고
정당한 증거에 의심 더하세요.
그대의 찡그린 과녁[227] 안에 든 나 조준하세요.
그러나 그대 잠 깬 증오로 나를 쏘지는 마시길.
　그대 사랑 변함없는 정조 시험하려 했다고
　나의 피고 항변하고 있으니.

---

227 과녁을 조준할 때 한쪽 눈을 감고 얼굴을 찡그리는 모습을 형상화한 것이다.

118

마치 우리 식욕 돋우기 위해
톡 쏘는 양념으로 입맛 자극하듯이,
보이지 않는 질병 예방하려 우리
토해 낼 아픔 겪으며 병을 막습니다.
결코 질리지 않는 그대 달콤함으로 충만한 나는
마찬가지로 독한 양념[228]에 입맛 맞추었습니다.
복에 겨워 필요치도 않은 아픔에서
일종의 건강 구했습니다.
이처럼 아프지도 않은 병 예상하던 사랑의 술책은
진짜 병 낳았고
건강한 몸에 처방 불러왔습니다,
건강에 겨워 병으로 치료받고자 하는 몸에.
    그대 역겨워하는 자[229]에겐 약도 독이라는 사실[230]
    그래서 진실이노라 나 알게 되었습니다.

---

228 바람직하지 못한 사람들.
229 혹은 〈그대로 인해서 병이 난 자〉.
230 복에 겨운 병이라 약이 없다는 역설이다.

119

깊숙한 지옥만큼 검은 깔때기로 증류한
세이렌의[231] 눈물 나 얼마나 마셨기에
희망에 두려움 바르고, 두려움에 희망 바르며
이길 거라 믿는 판에 항상 진단 말인가?
더없이 축복받았다 생각하던 순간에
내 마음 얼마나 심한 실수 범했던가?
이 미치게 하는 열병의 발작으로
내 두 눈 제자리로부터 얼마나 튀어나왔던가?
아, 병의 유익이여! 이제 진실임을 알았느니,
항상 선은 악으로 더욱 선해짐을.
파괴된 사랑 새로워질 때
처음보다 더 아름답고, 더 강하고, 더 커짐을.
    그래서 나는 비난받고 흡족하여 내 임에게 돌아와[232]
    병으로 손해 본 것보다 세 곱절[233] 이득 본다네.

---

231 수부들을 노래로 유혹하여 죽게 만드는, 반은 여자이고 반은 새인 신화 속 인물. 시인과 더불어 부정을 저지른 인물을 지칭할 수도 있다.
232 자궁 안으로 돌아옴을 암시한다.
233 12행에서 언급했듯이, 더 강해지고 더 아름다워지고 더 커졌다는 의미이다.

120

그대 한때 무정했음[234]이 이제 내게 위안 되어라.
나 그때 겪었던 그 슬픔 때문에
내 잘못 앞에 고개 숙여야 하느니,
나의 삭신 놋쇠나 강철로 만들어지지 않았기에.
그대 때문에 나 그랬듯이, 나의 무정으로
그대 상처 입었기에, 지옥 같은 시간 보냈기에.
그런데도 폭군인 나는 그대의 부정으로
내가 한때 받은 고통 생각할 여유 없었으니
아, 진정한 슬픔 얼마나 가슴 저린 것인지
고통에 찬 우리 이별의 밤이 환기시킬 수만 있다면,
그대 그때 내게 친히 하였듯
그대 상처 입은 가슴에 참회의 고약 발라 드려야 할 것을!
   그러나 그대의 부정이 이제 보상이어라,
    나의 부정 그대 부정 되갚고, 그대 부정 나 속죄하므로.

---

234 부정을 저질렀음을 의미한다.

121

사악하다 여겨지는 것보다 사악한 것이 나은 법,
사악하지 않고도 사악하다 비난받고,
우리 마음 아닌 다른 사람들 시선으로 사악하다 여겨져
합당한 기쁨[235] 누리지 못할 바에야.
다른 사람들 부정하고 거짓된 시선이
나의 바람난 혈기 어째서 아는 체한단 말인가?
나 선이라 하는 것을 자신들 색욕 가운데서 악하다 하는
더 못된 이들이 어째서 나의 잘못 평한단 말인가?
아니, 나는 곧 나라,[236] 나의 잘못 겨냥하는 자들은
자신들의 부정 셈하는 자들.
그들 뒤틀려 있을지라도 나는 똑바르니
그들 부패한 생각으로 내 행동 평가되어선 안 될 일.
 모든 사람 사악하고 사악함 가운데 번성한다는[237]
 이 보편적 악 그들이 주장하지 않는 한.

---

235 스스로 악하다고 느끼는, 혹은 악을 행하는 데서 오는 기쁨을 말한다.
236 「출애굽기」 3장 14절 참조.
237 혹은 〈극도로 사악하다는〉.

122

그대 선물, 그대 공책,
영원한 기억으로 꼼꼼히 적힌 채 내 머릿속에 있노라.
부질없는 종잇장들 능가하고
모든 시간 넘어 영원까지 남으리.
아니, 적어도 머리와 가슴
자연이 준 생명 부지하고 살아남아
그대 간직한 자신의 몫 망각에 넘겨주기 전까지는
그대 기록 결코 지워질 수 없으리.
빈약한 공책[238]은 그 많은 것 담을 수 없고
나 역시 그대 귀한 사랑 기록하려 헤아릴 필요 없나니.
그래서 나 그 공책들 과감히 버렸노라,
그대 더욱 잘 간직할 기억의 공책들 믿기에.
   그대 기억하기 위한 부속물 간직하는 것이
   나의 망각 암시함이니.

---

238 종이, 혹은 밀랍으로 된 메모장. 12행의 〈기억의 공책〉과 대비되는 것으로 작용한다.

123

아니, 시간이여, 나 변화시켰다고 자랑해선 안 될 일.
새로운 기술로 건설된 그대 피라미드들도
내겐 전혀 새롭지도, 낯설지도 않노니.
그것들은 옛 모습 다시 단장한 것일 뿐.
그대가 옛것으로 눈속임하는 것
우리는 수명 짧아 놀라운 눈으로 바라보며
전에 회자되었던 것 아니라
마치 새것인 양 여기고 있을 뿐.[239]
그대와 그대의 기록 모두 나 거부하리.
현재도 과거도 경이롭게 여기지 않으리.
그대 기록들과 눈에 보이는 것들은 모두 거짓,
그대 빠른 변화로 커졌다 작아졌다[240] 하기에.
  나 이렇게 맹세하며 이 맹세 영원하리니,
  그대의 낫과 그대에 맞서 나는 진실할 것이기에.

---

[239] 제임스 1세의 대관식을 기념하여 1603년 런던에 세운 오벨리스크를 언급하고 있는 듯하다.
[240] 시간이 경과함에 따라 사물의 모습이 커지거나 작아지며 변화함, 혹은 시간이 흐름에 따라 기록의 의미가 달라진다는 의미.

124

나의 귀한 사랑 단지 상황의 산물일진대
시간의 사랑, 아니 시간의 증오에 묶여
잡초 중의 잡초, 혹은 꺾인 꽃 중 섞인 꽃처럼
행운의 여신의 사생아로 여겨졌을 것입니다.
그러나 아니, 내 사랑 우연과는 거리가 멉니다.
내 사랑 미소하는 허세 속에 아파하지도 않고,
현재의 시간이 우리 같은 사람들 끌어들이는
얽매인 불만[241]의 일격에 쓰러지지도 않습니다.
짧은 순간을 이용하는 이단자,
정치적 음모 두려워하지도 않고
내 사랑 오직 홀로 무한히 현명합니다.
뜨거운 열기로 자라지도, 소나기로 익사하지도 않기에.
   이 사실의 증인으로 나 시간의 광대들[242] 소환합니다,
   죄악으로 살아온 인생, 선을 위해 죽는[243] 그들을.

---

241 정치적 불만 때문에 감옥에 갇혀 있는 사람들.
242 혹은 〈기회주의자들〉.
243 〈명성을 얻으려 시도하며 죽는〉, 혹은 〈순교자처럼 죽는〉.

125

내가 차양 받친들 무슨 의미 있을까,
드러나는 행동으로 존경을 표하는 것이.
아니면 황폐한 폐허처럼 사라질 순간의 것들
영원까지 지속하리라 토대[244] 다지는 것이.
형식과 외양으로 사는 자들 지나친 값 치르다 다 잃는 것
나는 보지 않았던가.
겉모습에 탕진하는 가련한 부자들
담백한 맛 버리고 인위적 단맛에 빠지는 것을.
아니, 나로 하여 그대 가슴에 복종토록 하고
볼품없지만 자발적인 나의 헌주 그대 받아 주시길.
천한 불순물과 섞이지 않고 기교[245] 모르며
다만 그대만을 위한 선물인 나.
  너 매수된 밀고자[246]여, 물러가라! 진실한 영혼은
  중죄의 기소 당해도 너의 손아귀에 들지 않는 법.

---

244 기념비 세울 기초를 뜻한다.
245 혹은 〈감미〉.
246 연인 사이를 이간질하는 공연한 질투, 매수된 증인을 의미한다.

126

아, 그대 내 사랑스러운 소년이여,
시간의 변덕스러운 모래시계, 낫질할 시간[247] 쥐고 있구려.
모래시계 기울며 그대 자라고, 그 달콤한 모습 자라면서[248]
그대 연인들 사위는 것 그대 안에서 보여 준다오.
파괴를 관장하는 최고의 여인 자연이
앞으로 나아가는 그대 뒤로 잡아끈다면,
자신의 기술로 시간에게 치욕 안겨 주고
야비한 순간들 죽여 그대 보호하기 위함이라오.
그러나 그녀 쾌락의 총신 그대여, 그녀를 두려워하오.
그녀 붙잡을 수 있어도 영원히 자신의 보물 간직하진 못하니.
   그녀의 계산은 연기 되어도 치러져야 하는 것,
   그녀의 청산은 그대 내어 주는 것.
   (   )
   (   )[249]

---

247 추수할 때, 즉 죽음의 시간을 뜻한다.
248 모래시계가 기울면 한쪽이 불어나듯, 그대가 나이 들어 감에 따라 더욱 아름다워진다는 의미.
249 12행으로 된 소네트. 나머지 두 행은 공백으로 남아 있지만 의미상 12행으로 완결을 보이고 있으며, 오히려 비어 있는 두 행이 젊은이의 죽음을 시각적으로 제시한다고 볼 수 있다.

127

그 옛날 검은 피부는 미인으로 여겨지지 않았지요.
아니, 그랬다 해도 미인이란 이름 갖지는 못했지요.
그러나 지금은 검은 피부가 미인의 적자여서
금발 미인은 사생아라는 추문 달고 다닙니다.
기술[250] 빌린 거짓 얼굴로 추한 것 아름답게 한 후로
자연의 미인은 이름도 성소도 갖지 못한 채
치욕 속에 살지 않았음에도 더렵혀졌고,
모든 이들이 타고난 모습 바꿉니다.
그래서 내 여인의 눈동자 까마귀처럼 검고
그 색깔 띤 그녀의 눈 통곡하는 사람처럼 보입니다,
미인으로 태어나지 않았지만 아름다움 채우며
거짓 아름다움으로 타고난 미 비방하는 자들 때문에.
   그러나 내 여인의 눈들 그 슬픔에 어울리게 울고 있어[251]
   뭇 사람마다 미인은 그래야 한다고 말합니다.

---

250 화장술.
251 검은 상복을 입고 울고 있는 사람처럼 검은 눈동자로 인해 더욱 매력적으로 보인다는 의미이다.

128

나의 음악인 그대가 그 복된 기러기발 어루만져,
내 귀 황홀케 하는 현의 화음 조용히 인도하는
그대 부드러운 손가락 끝에서 그 진동 울려 나올 때,
그대 부드러운 손바닥에 입 맞추기 위해
날렵하게 뛰어오르는 그 기러기발들을
나 얼마나 자주 부러워했던가?
그 수확[252] 거둬야 할 나의 불쌍한 입술들은
그들의 대담함에 얼굴 붉히며 그대 곁에 서 있었네.
그대 그처럼 매만져 준다면
그 부드러운 손길 닿아 행복한 죽은 나뭇조각들,
살아 있는 입술보다 행복한 이 춤추는 기러기발들과
내 입술들 기꺼이 입장과 처지 바꿨을 것을.
    건방진[253] 기러기발들 이곳에서 이처럼 행복하니
    그들에겐 그대 손가락을, 나에겐 입 맞출 그대 입술을.

252 입맞춤.
253 호색적인.

129

치욕의 허리에 정력 낭비하는 것이 성교입니다.
충족되기 전까지 색욕은 맹세 저버리고,
살인적이고 잔인하고 비난받아 마땅하며
잔혹하고 극단적이며 거칠고 사정없고 믿을 수 없습니다.
즐기자마자 이내 경멸의 대상이 됩니다.
미친 듯 추적하지만 손에 넣자마자
미친 듯 증오하는 대상이 되지요,
삼킨 자 광란케 하려 일부러 놓아둔[254] 미끼 집어삼킨 듯.
넋 나간 듯 좇지만 손에 넣어도 매한가지.
가졌거나 갖고 있거나, 가지려 하는 동안에도 막무가내.
맛볼 땐 황홀하지만 먹고 나면 진정 고통이요,
전에는 기쁨을 예감하나 후에는 꿈처럼 허망한 것.[255]
   이 모든 것 세상 사람들 잘 알지만, 아무도 알지 못합니다.
지옥[256]으로 인도하는 이 황홀한 천국[257] 회피하는 법.

---

254 셰익스피어의 문제극 「자에는 자로」의 플롯을 암시한다.
255 셰익스피어의 설화 시 「루크리스의 겁탈」 참조.
256 여성의 자궁을 의미한다.
257 순간의 황홀경. 〈천국haven〉과 〈항구harbor〉를 뜻하는 영어 발음의 유사성에 근거한 표현으로, 항구는 동시에 여성의 자궁을 의미하기도 한다.

130

내 여인의 눈동자 전혀 태양 같지 않노니
산호가 그녀의 붉은 입술보다 붉구나.
눈이 희다면 그녀 젖가슴은 담갈색이요,
머리칼이 장식 줄이라면 그녀 머리에는 검은 줄 자라네.
알록달록 붉고 흰 장미 나 보았지만
그녀의 뺨에는 그런 장미 없도다.
내 여인이 뿜어내는 입김보다
향수가 더 향긋하여라.
그녀 목소리 듣고 싶지만 나는 잘 아노니,
음악 소리 그보다 더 아름다움을.
여신의 걸음 본 적 없음을 나 인정하노니,
내 여인은 걸을 때 땅을 밟기에.
   그러나 하늘에 맹세하노니, 내 여인
   거짓 비유로 잘못 표현된 어느 여인만큼이나 귀한 것을.

131

미모로 인해 당당하고 잔인한 이들처럼
그대 그 모습 그대로[258] 폭군 같도다.
사랑에 빠진 내 어리석은 가슴엔
그대 가장 아름답고 소중한 보석임을 그대 알기에.
그러나 정녕 그대 바라보는 사람들 말하노니,
그대 얼굴은 연인 신음케 할 힘이 없다고.
그들이 틀렸노라 나 감히 나서 말 못 하여,
그렇지 않다 홀로 속으로만 다짐할 뿐.
내 믿음 그르지 않았음을 맹세하건대
그대 얼굴 생각만 해도 수천의 사람들
연이어 신음하며 증인이 되노니,
그대 검은 피부가 내겐 가장 아름답기에.
   그대 행실 말고 그대 검은 곳[259] 없으니,
   내 생각에 그대 향한 비방[260]은 이에서 유래한 것.

---

258 검은 피부의 모습 그대로.
259 더럽고 추악한 곳.
260 6행의 〈그대 얼굴은 연인 신음케 할 힘이 없다〉는 비방.

132

그대 가슴 경멸로 내게 고통 주는 것 알기에
내 사랑하는 그대 눈은 나를 불쌍히 여겨
나의 고통 측은하게 바라보며
검은 상복 입고 통곡하는 이 되었습니다.
그대 얼굴에 어울리는 통곡하는 두 눈에 비하면
진정 하늘의 떠오르는 아침 해
동녘의 갈색 뺨에 더 잘 어울리지 못하고
저녁을 인도하는 그 샛별
영롱한 서녘 반도 치장하지 못합니다,
아, 그대 가슴도 나 위한 통곡에 어울리게 해주시길.
슬피 울어 그대 아름다워지고
온몸에 똑같이 연민의 옷[261] 입히고 있으니.
    그러면 나 맹세할 겁니다, 미인은 그 자체로 검고
    그대 피부색 띠지 않은 모든 것 추하노라고.

---

261 상복처럼 온통 검은 피부색.

133

내 연인과 내게 가한 그 깊은 상처[262]로 하여
내 가슴 신음케 하는 그 가슴에 저주 있으라.
나 고문하는 것으로 충분치 않아
가장 다정한 내 연인에게도 노예의 굴레 지운단 말인가?
그대 잔인한 눈이 내게서 나 자신 앗아 가고
내 연인 무정하게 독차지해 버렸다.[263]
내 연인과 나 자신과 그대에게 나는 버려졌느니
세 곱에 세 배를 더한 시련의 고통.
쇠로 된 그대 가슴의 감방에 내 가슴 가두라.
그러나 내 연인의 가슴 내 불쌍한 가슴으로 보석하고
나를 가두는 자 누구든, 내 가슴 내 연인의 감옥 되게 하라.[264]
그때는 그대 내 감옥에서[265] 잔인할 수 없으리니.
   그래도 그대 잔인하리라, 나 그대 안에 갇혀
   나는 강제로 그대 것, 내 안의 모든 것[266]도 그대 것이니.

262 자궁에 대한 암시이다.
263 혹은 〈사로잡아 가두었다〉.
264 내 가슴을 가두는 간수가 누구이든 내 가슴은 내 친구/연인만을 가두겠다는 역설이다.
265 내 가슴 속에서.
266 내 가슴에 간직된 내 연인.

134

나 이제 내 연인 그대 것임을 자백하여
나 자신 그대 욕망에 저당 잡혔으니
나 자신을 버리리라,
내 연인 항상 나의 위안 되도록 그대가 돌려준다면.
그러나 그대 그럴 뜻 없고, 내 연인 벗어날 뜻 없으니
그대는 탐욕스럽고 내 연인 다정하기에.
내 연인 보증인처럼 나를 대신해 편지 써 주더니
이제는 자신 굳게 옭맨 굴레에 묶여 있구나.
만사를 고리대금업에 이용하는 그대 고리대금업자여,[267]
그대는 그대 아름다움이란 담보물로
나로 인해 채무자 된 내 연인 기소하는구나.[268]
그리하여 무정하게 사기당한 나는 내 연인 잃었노라.
  나 연인 잃고, 그대 내 연인과 나 모두 차지했나니
  내 연인이 전부 갚아도 나 여전히 자유롭지 못하네.[269]

---

267 모든 것을 돈을 받고 빌려 주는 사람, 즉 성적으로 문란한 사람을 암시한다.
268 혹은 〈구애하는구나〉.
269 〈전부 whole〉와 〈구멍 hole〉의 발음의 유사성을 이용한 표현. 내 연인이 그녀의 자궁을 채워 줘도 나는 여전히 그녀에게서 풀려나지 못하고 있다는 해석을 함축한다.

135

자신의 욕망 채우는 여인일진대 그대 윌[270]을 가졌노라,
더하여 윌을, 넘치게 윌을 가졌노라.
그대의 다디단 윌에 나를 이리 더함으로
그대 항상 괴롭히는[271] 나는 잉여물이라.
크고 넓은 색욕 지닌 그대여
그대 안에 내 색욕 감추도록 한 번쯤은 승낙하길.
다른 이의 색욕 근사하게 보이는데
나의 색욕 아름다운 환영 못 받는단 말인가?
물로 가득한 바다는 늘 비를 받아 주며
풍족한 가운데 쌓기를 더하는 법.
그러니 윌 가운데 부자인 그대여
그대의 윌에 나의 윌 더해 그대의 큰 윌 더 크게 하라.
  무람없이 그대 호의 바라는 자 죽이지 말고,
  모두 하나라 생각하여 그 윌 속에 나도 포함하길.

---

270 첫 글자가 대문자로 인쇄된 이곳의 Will은 William의 약칭으로 셰익스피어 자신을 포함한다. 또한 보통 명사 will은 〈색욕〉을 의미하기도 한다.
271 혹은 〈졸라 대는〉.

136

내가 너무 가까웠다고[272] 그대 영혼 그대 나무라거든
그 눈먼 영혼에 맹세하시오, 나 그대의 윌이었다고.
그러면 그대 영혼도 알아 윌은 그곳의 허락 받으리.
사랑 위하여, 달콤한 여인이여, 내 사랑의 청 들어주오.
윌은 그대 사랑의 곳간 채울 것이요,
수많은 윌로 그득히 채울 것이니, 나의 윌도 그중 하나.
큰일[273]에 있어 우리가 쉬이 아는바,
하나는 숫자로 간주되지 않으니.[274]
그렇다면 나 그대 무수한 연인 중 하나임은 틀림없으나.
숫자 가운데 나 하나를 셈하지 마오,
여인이여, 그대의 어떤 존재로[275] 무(無) 껴안는 것이
그대의 기쁨 된다면, 나를 무라 간주하오.
  단지 내 이름 그대 사랑 되게 하여 항상 사랑해 주오,
  그러면 그대 나를 사랑하는 것, 내 이름 윌이니.[276]

---

272 중요한 부분에 근접한다고, 혹은 만진다고.
273 대범하게 허락하거나 받아들이는 일, 큰 계산, 또는 자궁이 큰 여인이라는 의미가 숨어 있다.
274 언급했듯이, 셰익스피어 시대에 1은 독립적인 숫자로 여겨지지 않았다.
275 어떤 물건으로, 또는 남성의 성기로.
276 내 이름이 바로 윌(색욕)이므로, 그대가 색욕을 밝히는 한 그대는 나를 사랑하는 셈이다.

137

그대 눈먼 바보, 사랑의 신이여, 내 눈에 무슨 짓 했기에
보면서 볼 것 보지 못한단 말인가?
아름다움이 무엇인지, 어디에 있는지 알면서도
내 눈은 최고의 것 최악의 것으로 받아들인다.
너무나 편파적인 시선으로 상한 눈이
온갖 사람들 항해하는 항구에 닻을 내렸더니
그대 어이하여 거짓된 눈으로 낚시를 만들어
내 마음의 판단 낚아챈단 말인가?
내 마음 드넓은 세상의 공유지임을 번연히 알면서
그대 어이하여 사유지라 생각한단 말인가?
아니, 어이하여 내 눈 이것을 보고도 부정하며
그처럼 추한 얼굴에 진실한 아름다움 덧씌운단 말인가?
   정녕 나의 마음과 눈 진실함에서 길 벗어나
   이 거짓된 천벌[277]로 이제 옮아갔노라.

---

[277] 거짓을 일삼는 검은 피부의 여인. 여성의 성병을 강하게 암시한다.

138

내 사랑 자신이 정결하노라[278] 맹세할 때
그 말 거짓임을 알아도 나 그녀의 혀 믿습니다.
세상의 거짓된 간계 미처 배우지 않은
철없는 청년으로 그녀가 나 생각하도록.
비록 내 전성기 지난 것 그녀 다 알아도,
그녀가 나 어리다 여기리라 헛되이 생각하며
그녀의 거짓된 혀 나 바보처럼 믿습니다.
이렇게 서로 순진한 진실 숨깁니다.
그러나 어째서 그녀는 자신의 부정 말하지 않고
나는 늙었음을 고백 않는지요.
아, 사랑의 가장 훌륭한 모습은 가식에 있습니다.
사랑에 빠진 노인은 나이 세기 싫어하는 법.
   그래서 나는 그녀와, 그녀는 나와 더불어 거짓을 말하고[279]
   서로 잘못된 가운데 우리 기꺼이 거짓에 속습니다.

278 혹은 〈정조 그 자체라고〉.
279 혹은 〈동침하고〉. 「오셀로」 제4막 제1장에서 이아고의 대사를 연상시키는 대목이다. 〈캐시오는 데스데모나와 더불어 누워 있고/거짓말을 하고/그녀에게 거짓말을 하고/그녀 위에 올라타 있고……〉

139

아, 그대의 부정이 나의 가슴에 안겨 준 잘못
정당화하라고 내게 요구하지 마오.
그대 눈 아닌 그대 혀로 나 상처 내지 마오.
떳떳이 그 힘 행사할지언정 은밀히 나 살해하지 마오.
그대 사랑 다른 데 있다고 내게 말해 주오.
그러나 내 앞에서 곁눈질은 삼가오, 사랑하는 여인이여.
그대 힘 내 미약한 방어로 막을 수 없는데
간교함으로 상처 낼 필요 어디 있단 말이오?
나로 하여 그대 변호하게 해주오,
아, 그녀 아름다운 모습이 적이었음을 내 사랑 잘 아느니.
그러하기에 그녀 나의 얼굴에서 나의 적[280] 돌려세우니,
다른 곳에 상처 가하려 하오.
   그러나 그러지 마오. 나 죽은 목숨이나 다름없으니,
   그대 모습으로 나를 바로 죽여 이 고통 거두시길.

---

280 10행의 〈그녀 아름다운 모습〉.

140

잔인한 만큼 현명해지시길, 그대.
지나친 경멸로 나의 숨죽인 인내심 억누르지 마시길.
슬픔이 내게 말을 빌려 주어 그 말이
동정받지 못하는 내 고통의 성격 드러내지 않도록.
내가 그대에게 지혜 가르쳐 주자면, 사랑이여,
사랑 않으려 함이 아니라면, 나 사랑한다 말함이 좋으리.
임종 가까워져 초조한 환자들이
의사가 들려주는 건강 소식만 들으려 하듯이
만일 나 절망한다면 나 미쳐 버릴 것이요,
광기 속에서 그대 욕하게 될 것이니.
이 곡해하는 세상은 너무나 못되어
미친 비방을 미친 귀들은 믿어 버리기에.
　　나 그리 되지 않도록,[281] 그대 또한 비방받지 않도록[282]
　　그대 거만한 가슴 멀리 벗어날지라도,[283] 똑바로 나 보시길.

---

281 미친 비방자가 되지 않도록, 그렇게 여겨지지 않도록.
282 그대에 대한 잘못된 소문이 나지 않도록.
283 빗맞은 화살처럼 과녁이나 목표물에서 크게 벗어날지라도.

141

정녕 나는 눈으로 그대 사랑하지 않으니,
눈은 그대에게서 수천의 잘못 보기에.
그러나 눈이 경멸하는 것 사랑하는 것은
보이는 것들 무릅쓰고 기꺼이 미치는 나의 가슴.
나의 귀 또한 그대 혀의 가락에 즐거워하지 않고
부드러운 촉각 또한 저속한 애무에 기울지 않고
미각도 후각도 그대와 홀로
감각의 향연에 초대받기를 원하지 않으니.
그러나 나의 오지[284]도 오감도 어리석은 가슴
그대 섬기길 단념하도록 설득할 수 없으니.
그 가슴 내게는 오직 사람의 껍데기만 남기고 떠나
그대 거만한 가슴의 노예요 충복 되었나니.
    이처럼 나의 천벌[285] 지금껏 나의 유익이라 여기기에
    나를 죄인으로 만든 그녀는 내게 고통의 상금 주누나.[286]

---

284 상식, 상상력, 환상, 판단력, 기억력의 다섯 가지 지혜.
285 성병.
286 현세에서 미리 고통을 맛보게 하여 연옥에서 겪을 고통을 줄여 주고 있다는 역설이다.

142

사랑이 나의 죄요, 나의 은밀한 미덕은 증오,
죄스러운[287] 사랑에 터 잡은 나의 죄에 대한 증오.
아, 그러나 나와 그대의 처지 비교해 보신다면
그대 내 처지 나무랄 데 없음을 알게 되시련만.
아니, 그렇지 않은들,[288] 그대 분홍 입술 더럽히고
나만큼 자주 사랑의 거짓 약속 봉인하고
다른 사람들의 침실 소득 중 임대료[289] 훔쳐 간
그대 입술로 비난받을 일은 아니지요.
나의 눈이 그대 간구하듯 그대 눈이 구애하는 이들,
그대가 이들 사랑하듯 나 그대 사랑함 정당하다 합시다.
그대 가슴에 연민 뿌리내리게 하세요
그 연민 자라서 동정받을 만하도록.
 그대가 숨기는 것[290] 갖고 싶어 찾는다면
 스스로의 본보기로 그대 거절당할 테니.

---

287 색욕에 찬.
288 내가 비난을 받을 만하다 해도.
289 남편들이 부인들에게 빚진 침실 봉사료. 여기서는 남의 부인들과의 간음을 의미한다.
290 연민.

143

보세요, 근심에 찬 부인이
달아난 털 짐승[291] 한 마리 따라
아이 내려놓고 붙잡으려는 것 쫓아
전속력으로 달리는 동안,
버려진 아이 어미 쫓아
울며 붙잡으려 해도
그 어미 아이 울음 아랑곳 않고
눈앞에서 달아나는 것에 마음 조급해하듯
그대 역시 그대에게서 달아나는 것 쫓아 달립니다,
그대의 아이인 나 멀리서 그대 쫓는 동안.
그러나 그대 바라는 것 붙잡거든 내게 돌아와
어미 되어 입 맞추며 다정히[292] 대해 주세요.
   그대 돌아와 나의 큰 울음 잠재워 준다면
   그대 그대의 뭘 얻도록 나 기도할 테니.

---

291 〈닭〉으로 번역할 수도 있지만 털 달린 모자를 쓰고 다니는 당대의 한량들에 대한 야유가 섞인 표현이므로, 원문대로 직역했다.
292 혹은 〈자식처럼〉.

144

위안과 절망이라는 두 개의 사랑 나 가졌으니,
두 천사처럼 이들은 항상 나 유혹한다.
선한 천사는 미남자요
악한 천사는 검은 여인.
나를 곧장 지옥으로 이끌어 가고자 내 악한 여인
내 곁에서 나의 선한 천사 떼어 놓으려 유혹하고
나의 성자 타락시켜 악마로 만들고자
더러운 허영으로[293] 그의 순수함 꾀어낸다.
나의 천사가 악마로 변할는지 않을는지
의심스러워도 정확히 말할 수는 없도다.
그러나 두 사람 서로 친구이니 나를 떠나서는
한 천사 다른 천사의 지옥[294] 속에 있을 것.
  정확히는 모르니 반신반의하며 사는 수밖에,
  악한 천사가 선한 천사 불길에서 끌어내기[295] 전까지.

---

293 〈암컷 동물의 발정〉이라는 의미도 있다.
294 5행의 〈지옥〉과 더불어 여성의 자궁에 대한 속어이다.
295 〈불길에서 끌어내〉는 것은 성병을 전염시킴을 의미한다.

145

사랑의 신이 손수 만든 이 입술들은
그녀 위해 쇠약해진 나에게
〈나는 싫다〉 소리 내뱉습니다.
그러나 내 고통스러운 모습 보았을 때
이내 그녀 가슴에 자비심 생겨나
달콤한 목소리로 고귀한 죽음 가져온
그 혀 나무라며
이렇게 다시 인사하는 법 가르쳤습니다.
악마처럼 천국에서 지옥으로 떨어진 밤을
조용한 아침이 뒤따르듯이
〈나는 싫다〉는 말의 끝을
이렇게 바꿔 버림으로.
  〈나는 싫다〉에서 싫다는 말 던져 버리고,
  〈그대 아닌 사람〉이라 하여 내 목숨 구했습니다.[296]

---

296 비교적 짧은 8음절 시행들이 사용된 유일한 소네트이다.

146

가련한 영혼, 죄악에 찬 내 지구의 중심이여,
그대 괴롭히는 이들 반란군에 얽매인 내 지구의 중심이여,[297]
왜 그대는 속으로 굶주리고 기근 겪으면서
그대 외벽 그토록 요란히 장식하는가?
어째서 잠시 임대받은 그대 허물어지는 저택에
그토록 엄청난 비용 쏟아붓는가?
이 엄청난 지출의 상속자 구더기들이
이 비용 먹어 치우려나? 이것이 그대 육신의 끝이려나?
그렇다면 영혼이여, 그대 하인의 손실 먹고[298]
그대의 곳간 키우기 위해 육신 굶주리게 하라.
찌꺼기 시간 팔아 영생의 세월 사라.
밖을 더는 치장 말고 안을 살찌우라.
　그럼으로 그대 인간 먹어 치우는 죽음 먹어 치울 것이요,
　죽음이 한번 죽으면 더는 죽음 없으리라.[299]

---

[297] 2행에서 반복된 〈내 지구의 중심〉이라는 표현은 식자공의 잘못으로 평가되고 있다. 따라서 텍스트의 수정본에서 1~2행은 다음과 같이 번역된다. 〈그대 괴롭히는 반란군에 얽매인/죄악에 찬 내 지구의 중심이여, 가련한 영혼이여.〉

[298] 사그라지는 육체의 살점을 먹고.

[299] 존 던John Donne의 소네트 중 〈죽음이여, 네가 죽으리라〉라는 표현과 비교되는 시행이다.

147

내 사랑 열병과 같아
병 더욱 키울 것을 늘 염원하며
변덕스러운 환자의 식욕 충족시키기 위해
병 연장시키는 것 먹고 삽니다.
내 사랑의 의사인 내 이성, 자신의 처방 따르지 않는다고
화가 나 나를 버렸습니다.
이제 절망적인 나는
약 거부했던 욕망이 죽음[300]임을 경험합니다.
이제 이성의 보살핌 벗어났으니 나는
가망 없어 더욱 안달하며 광란합니다.
미친 사람처럼 나의 생각과 말은
진실에서 벗어나 제각각입니다.
    지옥처럼 시커멓고[301] 밤처럼 어두운 그대를 두고
    그대 아름답다 맹세하고 그대 빛난다 생각했으니요.

---

300 성적인 오르가슴을 의미하기도 한다.
301 〈추하고〉, 혹은 〈죄악에 차 있고〉.

148

아, 내 팔자여, 사랑의 신 내 머리에 어떤 눈 달았기에
내 눈이 헛것 본단 말인가?
아니, 제대로 본들 내 판단력 어디로 달아났기에
잘 본 것들마저 잘못 판단한단 말인가?
나의 잘못된 눈 탐닉하는 것이 아름다운 것일진대
세인들 그렇지 않다 함은 어이 된 영문인가?
사람들 말 옳다면 사랑은 분명 이것 뜻하는 것이라,
아니라 하는 이들처럼 사랑의 신 눈 또한 진실하지 못함을.[302]
어찌 진실하리오? 아, 지새움과 눈물로
그처럼 고통받는 사랑의 신의 눈, 어찌 진실하리오?
그렇다면 내 눈이 헛것 본들 놀랄 일 아닌 것.
하늘 맑아야 태양이 스스로를 보는 법이기에.
  아, 교활한 사랑의 신이여, 눈물로 그대 내 눈 가리는구나,
  선명한 눈이 그대 추한 결함[303]들 보지 못하도록.

---

302 눈과 발음이 같은 *aye*(yes)와 *no*의 의미를 대조시키는 말장난이다.
303 〈성병에 걸린 보기 흉한 자궁〉이라는 의미도 들어 있다.

149

잔인한 이여, 내가 나 자신 저버리고 그대 편 드는 때
나 그대 사랑하지 않노라 말할 수 있는가?
그대 위해 온통 폭군 되어[304] 나 자신 잊을 때
나 그대만을 생각하지 않는가.
나의 연인 그대, 누구 미워하는가?
나처럼 그대 누구에게 얼굴 찡그리는가?
아니, 그대가 내게 얼굴 찡그리면 이내 슬퍼하며
나는 나 자신에게 복수 가하지 않는가.
그대에게 바치길 거부할 정도로 거만한 미덕
내게 있다고 생각한단 말인가?
그대 눈동자 까딱만 해도 나의 모든 최선이
바로 그대의 결함 숭배하지 않는가.
　그러나 연인이여, 미워하라. 나 내 마음 알고 있으니.
　나 눈멀었으니 그대는 볼 수 있는 이들 사랑하라.

304 혹은 〈나 자신에게 잔인해져서〉.

150

아, 불완전함으로 내 마음 사로잡는 그 강한 힘
그대 어디서 가져왔나요?
나로 하여 내 눈에 거짓을 말하고
낮은 밝아서 아름답지 않다 맹세하게 할 셈인가요?
사악한 것 매력으로 보이게 하는 이 힘 어디서 가져왔기에
그대 가장 사특한 행동마저
내 마음속에선 최고의 선 능가하는
그런 힘과 정신력 보장한단 말인가요?
그대 미워해야 할 정당한 이유 보고 들을수록
더욱 그대 사랑토록 하는 법 누구에게 배웠단 말인가요?
아, 나 비록 다른 이들이 증오하는 것[305] 사랑하지만
그대 그들과 더불어 내 처지 증오해서는 안 되지요.
    그대 무가치함이 내게 사랑 불러일으켰다면[306]
    나는 그대 사랑 받을 가치 더욱 크기에.

---

305 〈다른 사람들이 창녀로 만드는 것〉이라는 의미가 숨어 있다.
306 〈성기를 발기시키다〉는 뜻도 있다.

151

사랑의 신은 분별[307] 알기엔 너무 어렵습니다.
허나 분별이 사랑에서 태어남을 누가 모른단 말입니까?
그렇다면 귀족 사기꾼이여, 나의 잘못 탓하지 마세요,
달콤한 그대 나의 범죄 밝히지 않으려면.
그대 내 죄 들춰내면 나도 들춰내리니,
내 영혼 내 천한 육체의 음모로 갇혀 있음을.
내 영혼 내 육체에 사랑의 승리 누려도 좋다 말합니다.
내 살[308]은 더 들으려 않고 이름 불리자 불끈 일어나
승리의 전리품으로 그대 지목합니다.
이 자만심으로 부풀어 올라
그는 기꺼이 그대 가련한 종 되어
그대 가운데[309] 일어서거나 그대 곁에 쓰러집니다.
　그녀 귀한 사랑 위해 나 일어서고, 쓰러지는 그녀를
　나 〈사랑〉이라 부른다고 분별없다 생각 마세요.

---

307 혹은 〈도덕〉. 또한 〈자궁에 대해 앎〉을 암시하기도 한다.
308 성기를 가리킨다. 다음에 나오는 〈일어나〉, 〈부풀어 올라〉, 〈쓰러집니다〉 등은 모두 성기의 상태를 묘사하는 표현이다.
309 그대의 자궁 속에서.

152

그대 아시리라, 그대 사랑함에 내 언약 저버린 것.
그러나 내게 준 두 번의 사랑의 다짐 그대도 저버렸으니.
외도로 그대 베갯머리 언약 저버렸고, 새 사랑 품은[310] 후
새 증오의 언약[311] 속에서 새로 한 약속도 깨버렸으니.
그런데 두 번의 파약으로 나 그대 비난한단 말인가,
나 자신 스무 번이나 파약하면서.
나의 모든 맹세 그대 비방하는 언약에 불과하고,
내 정직한 믿음 모두 사라졌으니 나 더없는 위증자로다.
그대 심오한 친절[312]에 나 깊이 맹세했고,
그대 사랑, 그대 진실, 그대 정조에도 깊이 맹세했으니.
그대 빛나게 하려 내 눈에 어둠 씌웠고,
아니 보고도 헛것 보았다 거짓 맹세 하게 했으니.
   그대가 곱노라 맹세하여 더한 위증의 눈[313] 됐도다.
   진실 저버리고 그렇게도 더러운[314] 거짓 맹세 함으로.

---

310 성교의 자세를 암시하는 표현이다.
311 새 애인에게 했던, 이제 나를 미워하겠는 맹세.
312 성관계에 대한 암시이다.
313 발음상 〈눈 eye〉은 〈나 I〉로 연결된다.
314 불륜의, 부도덕한.

153

큐피드가 횃불 내려놓고 잠이 들어,
디아나 여신 섬기는 처녀 이 기회 잡아
사랑의 불 막대 재빠르게 집어넣었노라,
근처 계곡 차가운 물속에.
사랑의 신이 준 이 성스러운 불길 받은 계곡,
끝없이 지속될 영생불멸의 열기로 끓는 온천 되어
이름 모를 온갖 질병 고치는
강한 치료사 되었노라.
그러나 내 여인의 눈[315]에 그 횃불 다시 붙여
어린 사랑의 신 시험 삼아 내 가슴에 대었도다.
사랑 병 걸린 나는 중한 병자 되어
온천[316]의 도움 청해 그곳으로 달려갔으니.
    그러나 허사, 내 병 고칠 온천 그곳이기에.
    큐피드가 새로이 불붙인 그곳, 내 여인의 눈동자.

---

315 〈여인의 눈〉은 자궁을 가리키는 속어이기도 하다.
316 온천의 열기는 성병을 치료하는 데 이용되었다.

154

작은 사랑의 신 한번은 잠이 들어
가슴 지피는 불 막대 옆에 놓아두었네.
처녀로 살기로 맹세한 많은 요정들
살며시 다가와 그중 가장 아리따운 숫처녀
정결한 손에 그 불 막대 집어 들었네.
수많은 사람들의 진실한 가슴 달궜던 그 막대.
이렇게 뜨거운 욕망의 장군
자다가 처녀의 손에 무장 해제되었나니.
그 처녀 근처 차가운 샘에 이 막대 꺼버렸도다.
그 샘 사랑의 신 불길에서 영원의 열기[317] 받아
온천 되어 병든 이들 위해 건강의 치료사 되었노라.
허나 내 여인의 노예인 나,
　치료하러 간 그곳에서 이것 경험으로 알게 되었으니,
　사랑의 신 불은 물 데워도 물은 사랑 식히지 못함을.[318]

---

317 어떤 판본에는 〈심장〉이라고 되어 있기도 하지만, 문맥상이나 앞선 153번과 비교해도 〈열기〉가 적절하다.
318 153번과 154번은 5세기 그리스 시인 마르시아누스 스콜라스티쿠스 Marcianus Scholasticus의 시를 번안한 것으로, 셰익스피어의 창작물이 아니다.

역자 해설
감각의 잔치 — 셰익스피어의 『소네트집』

    윌리엄 셰익스피어William Shakespeare의 『소네트집 *Sonnets*』(1609)은 전체 154편으로 이루어진 연작시집이다. 소네트란 이탈리아어 소네토*sonnetto*에서 유래한 것으로, 본래는 〈작은 노래〉를 뜻했다. 셰익스피어 시대에는 14행으로 된 정형시보다는 짧은 서정시로서의 의미가 더 강했는데, 그에 대한 적례는 정작 소네트는 한 편도 실리지 않은 존 던John Donne의 시집 제목이 『소네트와 노래*Songs and Sonnets*』인 것에서도 찾아볼 수 있다. 15세기 이탈리아에서 유행했던 소네트는 16세기 중반에 이르러 토머스 와이엇Thomas Wyatt, 서리 백작Earl of Surrey 같은 궁정 귀족들에 의해 영국에 정착되면서 대체로 사랑하는 여인의 아름다움과 냉정함에 고뇌하는 남성의 호소, 그리고 그들 사이의 갈등이라는 전형적인 궁정 연애의 내용을 다루게 되었다. 바꿔 말하면 대륙으로부터 수입되어 영국적인 것으로 토착화되는 과정에서 그 형식과 내용에 있어 변형의 과정을 거치게 된 것이다.

    형식적인 면에서 페트라르카식 소네트가 전반 8행 후반 6행

구조에 〈ABBA ABBA/CDE CDE(혹은 CDE의 변주)〉의 단순한 압운인 반면, 영국식 소네트는 4행으로 된 세 개의 연과 마지막 2행 연구(連句) 구조에 〈ABAB CDCD EFEF/GG〉의 복잡한 압운이며, 마지막 2행 연구는 앞서 전개된 12행의 내용에 대한 결론이나 정리 내지는 반전을 담는다. 영국식 소네트가 압운에 있어 한층 복잡하게 변화된 것은 영어가 이탈리아어에 비해 단어의 변화가 한정되어 있는 까닭이었다.

흠모하는 여인을 성모 마리아와 같은 존재로 격상시켜 숭배하는 한편으로 괴로워하는 구애자의 마음을 묘사했던 소네트는, 중세의 봉건 체제가 와해되고 근대의 자본주의가 배태됐던 16세기 후반에 이르러 다른 의미를 띠기 시작한다. 와이엇과 서리 백작으로부터 약 25년이 지난 1580년대와 1590년대에 재차 유행할 즈음에는 궁정 귀족들의 애정 관계를 사실적으로 그리는, 시적 〈형식〉으로서보다는 일종의 시적 〈장치〉로서 사용된 것이다. 특히 셰익스피어는 소네트라는 형식의 전통에 있어 후발 주자라는 사실을 그 자신이 강하게 의식하고 있었던 만큼, 소네트 속에 반(反)페트라르카적인 요소를 의도적으로 삽입하기도 했다. 물론 소네트라는 시적 형식을 빌리고 있는 바에야 여인에 대한 상찬과 남성의 구애라는 기본적인 도식에서 크게 벗어나지는 않지만 그럼에도 불구하고 그의 반페트라르카적인 특질은 주목할 가치가 있는데, 이는 그것이 이 시적 형식에 대한 셰익스피어의 이중적 의식을 드러내 보여 주기 때문이다.

셰익스피어에 앞서 필립 시드니Philip Sidney나 에드먼드

스펜서Edmund Spenser 같은 선배 시인들 역시 소네트 연작을 내놓은 바 있는데, 그들은 학자이자 시인이요 궁정의 귀족으로서 셰익스피어와는 신분상으로 현격한 차가 있었다. 그 때문에 두 시인의 소네트는 셰익스피어의 것에 비해 전통적인 궁정 연애 관습에 더 충실한 편이었다. 이는 그들이 그리고 있는 작품 속 여인과 시적 화자가 실재하는 인물이라는 뜻이기보다는, 남성의 접근을 거부하는 여성의 저항적이고 성적인 힘이 가부장제에 대한 봉기적인 힘으로 그려지고, 그것을 제압하려는 남성들의 지배 이데올로기적 시도가 셰익스피어에 비해 훨씬 극명하게 나타난다는 점에서 그러하다는 의미이다. 가령 시드니는 그의 글 「시의 변호An Apology for Poetry」에서 불완전한 자연적 질서에 반해 시인이 그려내는 온전한 이상적 질서에 대해 역설하고 있다.

여러 시인들이 그려 낸 것처럼 화려하게 수놓인 지상을 자연은 결코 생산하지 않는다. 자연은 그처럼 아름다운 강, 풍성한 과일나무, 향기로운 꽃들, 너무나도 사랑스러운 지구를 더욱 사랑스럽게 만들 그 어떤 것도 생산하지 않는다. 자연의 세계는 청동 세계이다. 오직 시인들만이 황금 세계를 창조해 낸다.

여기서 시드니는 헤시오도스Hesiodos가 말하는 시대 구분에 따라 현실 세계는 인간의 욕망과 지혜가 서로 어긋난 불완전하고 무질서한 세계인 반면, 시인들이 상상력으로 창조해 낸 세계는 사투르누스Saturnus가 다스리던 이탈리아의 황금시대나 에덴동산처럼 완전한 이상 세계임을 역설하고, 그것을 구현하는 도덕적 존재로서의 시인의 능력을 강조했다. 따라서 그의 소네트 연작 「아스트로필과 스텔라 Astrophil and Stella」(우리말로 풀면 〈별을 사랑하는 사람과 별〉이라는 뜻이다)에서 스텔라는 그 이름과 같이, 현세에 실재하는 여성이라기보다는 머나먼 하늘에서 차가운 빛을 발하는 별처럼 별세계에 존재하는 시인의 허구적 가공물이다. 그러나 시드니가 말하는 이런 이상적 세계와 질서의 구현에 매우 충실한 편이었던 존슨Ben Jonson의 장원 시 「펜즈허스트 To Penshurst」에서 펜즈허스트는 정작 중세 상인이 살던 집이었으며, 레이먼드 윌리엄스Raymond Williams도 지적했듯이 그것이 표방하는 이상 질서는 그 경이로움과 후덕함을 지탱하기 위해 일하는 농부들의 땀내를 배제한 다음에야 가능한 것이었다. 이는 시드니가 강조했던 르네상스 영국의 시적 이상 질서가 인위적인 가공물임을 한층 노골적으로 드러내 보여 주는 것이다. 대륙에서 한물간 시적 형식이었던 소네트가 1580~1590년대 영국 귀족 특권층에 의해 되살아났다는 사실은 그것이 그려 내는 귀족 여성의 성적 힘에 대한 지배 욕망이 당대 영국에 만연해 있었음을 반증하는 것이며, 이 반증은 다시 상대적으로 나아진 여성의 주체적 힘으로 인해 가부장 질서가 위협받고 있었음을 노정하는 것이다. 예컨대 스콧 윌슨Scott Wilson은 다음과 같이 지적한다.

엘리자베스 시대의 소네트 연작에서 지배 계급의 남성들은 겉보기에는 종속되고 제약된 위치에서 그들의 언어적 힘과 재치를 구사했다. 궁정 연애 안에 힘의 관계가 존재했다는 사실은, 그 힘들의 정확한 배열이 꽤나 복잡했던 경우에서마저도 제법 분명하다. 구애를 받는 여성의 우월함은 구조적으로 요구된 기정사실이다. 그러나 사랑하는 사람과 사랑받는 사람, 구애하는 사람과 후원하는 사람, 중신과 군주, 봉신과 여인의 관계 사이의 관습적인 구조로 설정된 이항 대립의 위계질서는 선택된 대립 항들, 즉 여성이 아닌 남성, 대상이 아닌 주체, 소극이 아닌 적극, 침묵이 아닌 발화에 의해 실제로 전복되지는 않았다 하더라도 일반적으로 무너진 것으로 간주됐다.[1]

여인을 지고의 위치로 높이는 소네트의 관습은 사실 그녀를 자신의 수중에 넣고 소유하려는 지배 계급 남성들의 전략적인 이데올로기 장치다. 시드니가 「아스트로필과 스텔라」의 12번 소네트에서 그려 냈듯이 시적 화자의 고통과 온갖 지식의 목적은 사랑의 신 에로스도 깃들지 못한 스텔라의 강한 요새 같은 가슴을 함락시키는 데 있다. 그의 69번 소네트에서도 분명히 드러나듯, 그럼으로써 여인에 견주어 비천한 존재였던 시의 화자는 군주의 왕관을 쓰고 축복의 왕국을 얻게 되기 때문이다. 16세기 후반 영국 소네트에 그려진

---

[1] Scott Wilson, *Cultural Materialism: Theory and Practice* (Oxford: Blackwell, 1995), p. 67

여인이란 시드니의 작품에서처럼 시적 화자에 의해 남성의 욕망이 투영된 상상의 산물이다. 이는 여성이 화자의 접근을 거부할수록 더 그러하다. 스펜서의 소네트 연작 「아모레티 Amoretti」(우리말로 풀면 〈작은 사랑 노래〉라는 뜻이다)에서는 시드니의 소네트에서보다 한층 분명하게 남성의 지배를 거부하는, 그러하기에 한층 더 매력적인 여성이 악마처럼 그려지고 있다. 그의 47번 소네트를 한번 살펴보자.

이들 속임수 경험하기 전까지는
이들 배반의 미소 그대들은 믿지 마세오.
그것들은 어리석은 물고기 잡는 미끼 숨긴
황금빛 낚시 같은 것이니.
그녀도 아첨의 미소로 나약한 사슴들 유혹하여
파멸로 떨어뜨립니다.
사로잡힌 포로들 잔인하고 오만하게 살해하며
이 가련한 먹잇감들 마음껏 먹어 치웁니다.
죽어 가면서도 기쁨 누리고
죽음의 고통 맛보지 않도록
피 묻은 손으로 그들 살해하는 순간마저
그녀의 두 눈 아름답게 빛나며 미소 짓습니다.
   아, 강한 매력이여! 남자들 독약 사랑하게 하고,
    기꺼이 죽음 받아들이며 고통 속에 살게 하는구나.
Trust not the treason of those smiling looks,
Until ye have their guilefull trains well tried;

For they are like but unto golden hooks,
That from the foolish fish their baits do hyde:
So she with flattering smiles weak hearts doth guide
Unto her love, and tempt to their decay;
Whom, being caught, she kills with cruel pride,
And feeds at pleasure on the wretched pray.
Yet even whilst her bloody hands them slay,
Her eyes look lovely, and upon them smile,
That they take pleasure in her cruel play,
And, dying, do themselves of pain beguile.
    O mighty charm! which makes men love their bane,
    And think they die with pleasure, live with pain.

이 시에서 여인은 정당한 이유도 없이 남자를 살해하며 그 행위 자체를 즐기는 흡혈귀로 묘사된다. 그녀의 특징은 시드니의 스텔라와 마찬가지로 얼굴과 마음이 일치하지 않는 것이다. 그녀의 〈강한 매력〉은 이런 이중성에서 비롯되고, 뭇 남성들은 그 힘에 기꺼운 마음으로 살해당한다. 시의 화자가 한편으로 부러워하는 이 〈강한 매력〉의 여인은 폴 인스Paul Innes가 지적했듯이 남성의 타자, 즉 약탈하며 위협하는 동물적 존재이다.[2] 스펜서는 여성의 성을 악마적으로 그려 내면서 남성의 부정적 욕망을 그에 전치시키며, 이러한 거리 두

---

2 Paul Innes, *Shakespeare and the English Renaissance Sonnet* (London: Macmillan, 1997), p. 57

기 전략은 노골적으로 여인의 미모와 도덕적 타락을 질타하는 작품의 방향으로 구체화된다.

셰익스피어의 소네트 연작은 시드니로부터 10여 년 후인 1592년과 1594년 사이에 본격적으로 쓰인 것으로, 심한 흑사병으로 극장이 문을 닫아 연극 상연이 불가능했던 시기의 산물이다. 1609년 출판업자인 토머스 소프Thomas Thorpe에 의해 셰익스피어 생전에 출판된 이 시집은 17세기 중반에 들어서야 재판될 정도로 출판 기록만으로는 별 인기가 없었던 작품이다. 노골적인 성관계를 다루는 내용의 부도덕성 때문인지, 작품에 그려진 인물들과 실재하는 인물들과의 관계 때문인지 그 이유는 분명하지 않다. 하지만 출판업자의 간지에 적힌 〈W. H.〉라는 인물과 작중의 젊은이, 검은 피부의 여인이 누구인지를 밝히려는 노력들이 작품에 대한 이해와 관심을 다른 방향으로 돌려놓은 것은 사실이다. 무엇보다 간과하지 말아야 할 것은 154편의 소네트를 통해 그려진 인물들의 극적 관계가 시인 셰익스피어의 머릿속에서 비롯된 지적 유희의 산물이라는 사실이다. 르네상스 시대의 전원 목가시가 양 치는 목자와는 별 상관 없이 문학적 장치로 굳어진 것과 마찬가지로, 1천 개의 마음을 가진 셰익스피어는 소네트라는 시적 형식을 사랑에 빠진 인간들의 욕망의 지도와 감각의 잔칫상을 그려 내는 도구로 사용했을 따름이다. 그는 시의 화자와 젊은 후견인 내지 연인, 그리고 검은 여인의 삼각관계뿐만 아니라 시의 일반적인 주제들, 가령 시간의 파괴성이나 시의 영속성, 동시대 시인들과 자신의 시의 차이점 같은 다양한 주제들을 154개의 소네트라는 자재를 이용해 지적 건축물로 구축해 냈다. 시의 화자나 젊은이, 검은 피부의 여인은 하나같이 어떠한 위치에 고정되는 것을 거부하는 변화무쌍한 인물들이며, 이 점이야말로 그들이 다름 아닌 시인의 상상의 산물임을 알려 주는 지표다. 작중 인물들의 정체를 밝히려는 전기(傳記) 비평의 무리한 시도는 시의 화자를 셰익스피어와 동일시하려는 것인데, 이는 시의 화자가 늙은이, 어머니의 손길을 그리는 어린아이, 충복, 남녀의 성 구분을 넘나드는 인물 등 프로테우스Proteus처럼 변화무쌍한 존재로 나타나 있다는 사실을 간과한 데서 연유한 것이다. 변화를 거듭하는 시의 화자가 그러하듯이 변절하는 젊은이나 여인 역시 수사 비유적인 언어처럼 경계를 넘나드는 시인의 허구로 봐야 마땅할 것이다. 여기서 상상의 연금술을 강조한 프랜시스 베이컨Francis Bacon의 지적을 살펴볼 필요가 있다.

시란 대체로 제약된 언어의 음률로 이루어진, 그러나 한편으로는 극도로 자유분방한 지식의 일부다. 시는 진정 상상력을 창조하는데, 상상력이란 내용(사물)의 법칙에 묶이지 않아 마음 가는 대로 자연이 잘라 놓은 것을 붙이기도 하고 외려 자연이 붙여 놓은 것을 자르기도 한다. 다시 말해 사물을 불법적으로 결합시키기도, 분해시키기도 하는 것이다.[3]

3 Francis Bacon, *The Advancement of Learning*, ed. A. Johnson (Oxford: Clarendon Press, 1974), p. 80

베이컨이 강조하는 것은 「한여름 밤의 꿈A Midsummer Night's Dream」의 아테네 군주 테세우스Theseus가 말한 〈공기처럼 아무것도 아닌 것으로부터〉 이름과 장소를 부여함으로써 사물을 창조해 내는 시인의 연금술사 같은 상상력이다. 셰익스피어의 상상력은 창조적 자연의 힘에 견줄 만한 것이며, 작중의 인물들은 그 상상의 줄기로부터 나온 가지들이다.

소위 젊은이와 시의 화자 〈나〉의 관계를 중심으로 전개되는 전반부 126편에서 두드러지는 특징은 젊은이가 다분히 관념화·이상화되어 있다는 점이다. 그는 구체적·육체적 형상을 지니지 않으며, 시인의 후견인으로서 높은 신분이 작중에서 강조될 뿐이다. 그는 자연이 여성으로 빚어내다가 마지막 순간에 남성의 성기를 붙임으로써 시의 화자와의 이성적인 성관계가 불가능해진, 남녀 양성을 겸한 인물로 그려지고 있다. 화자는 검은 피부의 여인과 마찬가지로 변절하는 젊은이를 〈나의 격정의 주인〉, 〈여인〉이라고 부르면서, 〈못된 여인의 변덕은 알지 못하는구나/여인보다 더욱 빛나는 그대 눈은 헛되이 한눈팔지 않고〉(20번 4~5행)라는 표현으로 이상화하여 젊은이의 〈감춰진〉 부도덕함을 검은 피부의 여인에게 전치시킨다. 시적 화자가 젊은이의 양성적인 측면을 강조하면 할수록 변심의 잠재성과 색욕의 악마성은 검은 여인으로 구체화되어 드러난다. 세상의 모든 빛깔을 자신의 통제 아래 두는 힘을 지닌 젊은이는 마음껏 상상의 빛깔을 칠하는 시인의 솜씨로 빚어진 인물인 셈이다.

셰익스피어는 기존의 페트라르카 소네트에 보이는 여인의

두 가지 측면, 즉 성모의 이상적인 모습과 이브의 악마적인 모습을 분리하여 전자는 자신의 후원자인 귀족 젊은이에게, 후자는 검은 피부의 여인에게 부여하는 이중 전략을 구사한다. 그러나 두 가지 모두 시인의 상상력의 산물일진대 명백히 구분되는 것이 아니다. 그것들은 빛과 그림자처럼 서로의 짝이며 닮은꼴이다. 〈나 그대 가슴에서 멀어져 있을 때/그대 방종이 저지르는 사소한 잘못들은/그 아름다운 청춘에 너무나 걸맞은 것들이외다〉(41번 1~3행)라는 화자의 너그러움은 오히려 후견인에게서나 볼 수 있는 관대함이며, 이는 검은 피부의 여인과 달리 젊은이가 귀족의 신분이기에 허용된 것이다. 시인으로서 셰익스피어는 상상의 산물인 젊은이가 지니는 도덕적 위선과 부정의 이중성을 시를 통해 정제함으로써 그를 이상화하려 노력한다. 〈아름답고 사랑스러운 젊은이여, 그 청춘 시들 때/그대에게서 나의 시 그대의 진실 뽑아내리라〉(54번 13~14행)

대리석도, 군주의 도금한 기념비도,
이 막강한 시보다 오래가지 못하리라.
더러운 시간의 때 닦아 내지 않은 묘석보다
그대 이 시 속에서 더 밝게 빛나게 되리라.
파괴의 전쟁이 동상들 쓰러뜨리고
난리로 석공의 작품들 뿌리 뽑힐 때
마르스의 칼도, 전쟁의 타오르는 불길도
그대 기억한 살아 있는 기록 태우지 못하리니.

죽음과 모든 것을 망각으로 떨치는 적에 맞서
그대 걸어가리라, 이 세상 끝나는 심판의 날까지.
모든 후손들의 눈 속에도
그대에 대한 칭찬 깃들어 있으리라.
 그대 부활하는 심판의 날까지 그대 이곳에 살아
 연인들의 눈 속에 머무시기를.

Not marble, nor the gilded monuments
Of princes shall outlive this powerful rhyme,
But you shall shine more bright in these contents
Than unswept stone besmeared with sluttish time.
When wasteful war shall statues overturn,
And broils root out the work of masonry,
Nor Mars his sword, nor war's quick fire shall burn
The living record of your memory.
'Gainst death, and all oblivious enmity
Shall you pace forth, your praise shall still find room,
Even in the eyes of all posterity
That wear this world out to the ending doom.
 So, till the judgement that yourself arise,
 You live in this and dwell in lovers' eyes.

(본문 63면 55번)

 그러므로 시작(詩作)은 〈창녀같이〉 여성화된 시간의 손길로부터 젊은이를 구해 내는 일이다. 여기서 분명한 사실은 작중의 젊은이가 시 밖에서 독립적인 정체성을 지니는 존재가 아니라, 시인의 창작 과정 속에서 영생을 얻고 구체화되는 시적 가공물이라는 것이다. 이러한 점에서 필립 마틴 Philip Martin의 아래와 같은 지적은 잘못된 것이다.

> 셰익스피어의 특징은 그가 사랑하는 연인의 정체성을 존중한다는 데 있다. 그는 사랑하는 연인이 결코 시에 의존하지 않는, 자신만의 개인적인 영생을 지닌 인물임을 인식한다.[4]

그의 주장과는 달리 64번 소네트의 화자는 시간의 손에 의한 죽음의 필연성을 분명히 인식하고 있으며, 젊은이의 정체성이 자신의 시에 의해 영원불멸할 수 있을지에 대해서조차 때로 회의적인 태도를 보인다. 아이러니하게도 시인이 젊은이에게 아름다움을 부여하면 할수록 그는 더 많은 세상의 눈들과 그림자들의 주목의 대상이 되고, 한층 여성의 아름다움에 근사해지며, 그럼으로써 여성적 아름다움의 〈특징〉인 변심과 부도덕을 지니게 되어 부정되어야 할 대상으로 타락하고 말기 때문이다. 〈썩어 가는 백합은 잡초보다 더한 악취 풍깁니다〉(94번 14행)라는 구절이 의미하듯 말이다. 셰익스피어는 여기서 백합과 잡초의 이미지를 통해 내면적인 위엄과 행동력을 갖추지 않은 귀족이 잡초 같은 일반 백성 혹은

---

[4] Phillip Martin, *Shakespeare's Sonnets: Self, Love and Art* (Cambridge: Cambridge UP, 1972), p. 158

하층민보다 실로 우월할 수 있는지에 대해 의문을 제기한다. 소네트에서 그는 봉건적인 귀족이라는 신분 자체에 대한 이런 문제 제기를 매우 은밀하게 보여 주고 있다. 검은 여인에게 사특한 행실 말고는 사악한 것이 없다는 내용의 소네트의 후반부 역시 이런 문맥에서 이해되어야 할 것이다.

시로써 젊은이의 청춘과 미를 정제하고, 여름 장미의 정수만을 증류하여 향수를 추출하듯 그에게 영원한 생명을 부여하려 했던 시인의 노력은 젊은이와의 관계를 그린 전반부의 마지막 126번에서 그 한계를 드러낸다. 전체 12행으로 이루어진 이 시는 엄격하게는 소네트라기보다는 여섯 개의 2행 연구로 된 시라고 보는 것이 옳다. 1609년 판본에서는 마지막 13~14행이 모두 괄호로 남아 있는데, 이는 죽음 앞에서의 시인의 침묵 혹은 시간이 남긴 빈칸의 시각적 재현이라 할 수 있다. 마치 18세기 소설 『트리스트럼 섄디 *The Life and Opinions of Tristram Shandy, Gentleman*』에서 로렌스 스턴Laurence Sterne이 토비 삼촌의 죽음을 그리는 대목을 온통 검은 종이로 대신해 그 감정을 독자의 상상력에 맡기듯 말이다.

시간을 초월하는 시의 영속성에 대한 셰익스피어의 의문은 언어의 성격에 대한 의문으로 직결된다. 언어가 젊은이에게 영원한 생명을 불어넣는 데 한계가 있다면, 사물에 대한 언어의 간극 없는 재현 가능성 역시 문제시되기 때문이다. 만일 언어가 대상을 여과 없이 투명하게 재현할 수 있다면, 여인의 아름다움을 수많은 보석에 비유해 조목조목 제시하는 페트라르카식의 연애시나 소네트는 인간의 한낱 허풍이나 과장으로 치부될 수 없을 것이다. 그러나 〈내 여인의 눈동자 전혀 태양 같지 않노니〉(130번 1행)와 같은 반페트라르카적인 소네트에서 볼 수 있듯이 셰익스피어는 이에 대해 부정적이다. 플라톤Platon이 그의 대화편 「크라틸루스Cratylus」에서 말하듯, 모방 이론은 외부에 존재하는 실체를 이름이 지칭한다는 믿음에 근거한다.

> 그렇다면 (이름이란) 자연의 사물들은 가르치고 구분하는 도구다. 베틀의 북이 직조물의 실들을 구분하는 도구인 것처럼 말이다.[5]

일반적으로 서구의 모방 문학론은 언어와 그것이 지칭하는 실재의 조응, 다시 말해 언어의 투명성에 대한 믿음에 근거한 것이다. 셰익스피어는 언어가 이런 현실적인 실재 세계를 그리지 않고 상상의 세계, 앞서 베이컨이 말한 자연계의 질서에 역행하는 상상력의 질서를 다룬다면 어떠할 것인가 하는 문제를 가공의 젊은이를 그린 소네트의 언어를 통해 제시한다. 설사 그 젊은이가 시인의 상상의 가공물이 아니고 현실에 존재하는 귀족 청년을 바탕으로 한 존재라 하더라도 그가 끊임없이 변심을 거듭하는, 바꿔 말해 고정된 정체성을 스스로 부정하는 인물이라면, 시인으로서 셰익스피어의 언어적 난관은 젊은이가 순수하게 자신의 상상의 산물이었

---

5 Platon, Cratylus in *The Collected Dialogues of Platon*, eds. E. Hamilton and H. Cairns (Princeton: Princeton UP, 1961), p. 426

을 경우와 별반 다르지 않은 것이다. 다른 사람들과 주흥을 즐기며 사랑을 나누는 젊은이는 화자에게는 밤의 꿈에나 나타나는 그림자, 혹은 유령과 같은 존재다. 햄릿이 눈앞에 나타난 아버지 유령의 정체를 의심하듯, 화자는 눈앞에 실체가 아닌 그림자나 유령으로 나타난 상상 속의 인물을 시의 언어로 이상화하는 동시에 비난한다.

젊은이는 화자의 언어를 통해 모습을 드러내고 숨기는 이중적인 인물이다. 젊은이의 이중성과 화자의 수사 비유는 그러므로 의미의 고정을 불허한다는 점에서 닮은꼴이다. 27번 소네트에서 화자가 묘사했듯이, 〈내 영혼 상상의 눈〉 앞에 나타난 젊은이의 모습은 〈검은 밤 아름답게 비추고 늙은 밤 얼굴 새롭게〉 한다. 화자의 밤을 낮으로, 낮을 밤으로 만들어 주는 〈그림자〉인 젊은이는 화자의 〈감기는 눈꺼풀〉 앞에 나타나는, 실체가 명확치 않은 존재이며, 〈나쁜 것 좋게 만드는〉 수사적 언어. 이런 비결정의 세계에서 화자는 결코 〈안식을 모르〉(27번 14행)게 된다. 시인이 전통적인 사랑의 언어를 빌려 자신과 젊은이는 하나, 젊은이가 곧 자기 자신이라고 주장할 때(62번 13행) 언어를 통한 재현의 위기는 더욱 심화된다. 화자와 젊은이의 동성애적 관계가 화자의 입장에서는 일종의 자기애, 혹은 자위행위의 일종이기 때문이다. 이 지점에서 〈이름이 과연 사물을 가르치고 구분하는 도구〉라는, 언어에 의한 플라톤식 경계의 구분은 흐려지고, 언어로 그린 젊은이의 불명확한 모습처럼 시의 화자 역시 불명확해진다. 인스도 지적했듯이 소네트에서 빈번하게 발견되는 어둠과 밝음, 낮과 밤의 교차 같은 모순어법들은 시어적인 차원에서 나타난 이런 재현 위기의 증상이다.[6] 16번 소네트에서처럼 처음부터 외양과 실재가 별개의 세계라면 보이는 세계를 그리는 언어는 처음부터 실재의 세계에 못 미치는 것이 당연하다. 애초에 젊은이가 불완전하나마 언어의 가공물이라면, 현실 세계에서 이 언어에 상응하는 대상 지시물, 즉 현실적인 인물의 정체를 찾는 것은 불가능할 뿐더러 무의미한 일이다.

화자는 자신의 언어로 붙잡을 수 없는, 따라서 자신의 통제를 벗어나 있는 젊은이의 부정적 속성들을 검은 여인에게 투영한다. 그녀는 젊은이의 성적 방종과 정조 없음의 육화된 상징이다. 소위 〈검은 여인 소네트군(群)〉의 첫 작품인 127번에서 드러나듯이 미인으로 칭송되는 검은 여인은 언어적 혼란의 산물이다. 과거에는 검은색이 아름답다 간주되지 않았지만 이제 〈검은 피부가 미인의 적자〉(127번 3행)이며, 〈자연의 미인은 이름도〉(127번 6행) 없다. 144번에서 화자는 인간 영혼 안에서 싸우는 악한 천사와 선한 천사라는, 중세 시인 프루덴티우스Prudentius의 「영혼의 전쟁Psychomachia」의 모티프를 빌려 선한 천사인 젊은이와 악한 천사인 검은 여인이 자기 영혼의 식구들임을 밝힌다.

> 위안과 절망이라는 두 개의 사랑 나 가졌으니,
> 두 천사처럼 이들은 항상 나 유혹한다.

6 Innes, p. 145

선한 천사는 미남자요
악한 천사는 검은 여인.
나를 곧장 지옥으로 이끌어 가고자 내 악한 여인
내 곁에서 나의 선한 천사 떼어 놓으려 유혹하고
나의 성자 타락시켜 악마로 만들고자
더러운 허영으로 그의 순수함 꾀어낸다.
나의 천사가 악마로 변할는지 않을는지
의심스러워도 정확히 말할 수는 없도다.
그러나 두 사람 서로 친구이니 나를 떠나서는
한 천사 다른 천사의 지옥 속에 있을 것.
   정확히는 모르니 반신반의하며 사는 수밖에,
   악한 천사가 선한 천사 불길에서 끌어내기 전까지.

Two loves I have, of comfort and despair,
Which like two spirits do suggest me still.
The better angel is a man right fair;
The worser spirit a woman coloured ill.
To win me soon to hell my female evil
Tempteth my better angel from my side,
And would corrupt my saint to be a devil,
Wooing his purity with her foul pride.
And whether that my angel be turned fiend
Suspect I may, yet not directly tell,
But being both from me, both to each friend,
I guess one angel in another's hell.

> *Yet this shall I ne'er know, but live in doubt,*
> *Till my bad angel fire my good one out.*

(본문 152면 144번)

129, 130번 소네트에서와 마찬가지로 여기서 그녀의 〈검은〉 피부는 남성의 통제를 벗어난 봉기적인 여성의 성욕을 상징한다. 아니 차라리 그런 성욕의 소유자이기에 〈검은 여인〉이라 하는 것이 옳다. 이 시에서 흥미로운 점은 성적으로 적극적인 사람이 남성인 젊은이가 아니라 검은 여인이며, 성병에 걸리는 사람은 부정한 검은 여인이 아니라 외려 선한 천사라는 사실이다. 언어의 확정을 거부하는 자신의 미와 마찬가지로 검은 여인은 성 역할의 구분도 모호하게 만든다. 검은 여인은 스스로 언어의 재현을 흐릴 뿐 아니라, 거부할 수 없는 매력 내지 강한 힘으로 남성들의 정체성을 근본적으로 허물어뜨린다. 이러한 점에서 그녀는 시의 화자를 떠나 부재하면서 존재하는 재현의 난관 자체다.

129번 소네트는 여성의 성욕을 악마적인 것으로 질시하면서도 그로부터 벗어나는 것이 불가능하다는 사실을 인정함으로써 여성에 깃든 봉기적인 힘을 제압하려는 남성의 한계를 정치적 무의식으로 담아내고 있다.

> 치욕의 허리에 정력 낭비하는 것이 성교입니다.
> 충족되기 전까지 색욕은 맹세 저버리고,
> 살인적이고 잔인하고 비난받아 마땅하며

잔혹하고 극단적이며 거칠고 사정없고 믿을 수 없습니다.
즐기자마자 이내 경멸의 대상이 됩니다.
미친 듯 추적하지만 손에 넣자마자
미친 듯 증오하는 대상이 되지요,
삼킨 자 광란케 하려 일부러 놓아둔 미끼 집어삼킨 듯.
넋 나간 듯 좇지만 손에 넣어도 매한가지.
가졌거나 갖고 있거나, 가지려 하는 동안에도 막무가내.
맛볼 땐 황홀하지만 먹고 나면 진정 고통이요,
전에는 기쁨을 예감하나 후에는 꿈처럼 허망한 것.
   이 모든 것 세상 사람들 잘 알지만, 아무도 알지 못합니다.
   지옥으로 인도하는 이 황홀한 천국 회피하는 법.

Th' expense of spirit in a waste of shame
Is lust in action, and, till action, lust
Is perjured, murd'rous, bloody, full of blame,
Savage, extreme, rude, cruel, not to trust,
Enjoy'd no sooner but despised straight,
Past reason hunted, and, no sooner had,
Past reason hated as a swallowed bait
On purpose laid to make the taker mad,
Mad in pursuit, and in possession so,
Had, having, and in quest to have, extreme,
A bliss in proof and proved a very woe,
Before, a joy proposed; behind, a dream.
   All this the world well knows, yet none knows well

To shun the heaven that leads men to this hell.

(본문 137면 129번)

　여기서 여성과의 육체적 결합이나 색욕은, 전통적인 소네트에 보이는 사랑의 지향점이나 찬양과는 거리가 멀다. 오히려 여성의 성욕은 지나칠 정도로 도덕적인 질타의 대상이 되고 있는데, 이러한 비난 뒤에는 남성적 질서와 그에 근거한 가부장 질서 속으로 편입되기를 거부하는 저항적 여성의 성에 대한 남성의 두려움이 그림자처럼 자리하고 있다. 자손 생산을 염두에 두지 않는 젊은이의 자위행위가 아버지에게서 아들로 이어지는 가부장 체제에 대한 위협이요 남색 *sodomy*이듯이, 흡혈귀처럼 손에 피를 묻히며 남성들을 살해하는 검은 여인의 악마 같은 색욕 역시 남성으로부터 남성다운 정체성을 앗아 가는 위협이다. 그렇기 때문에 결과적으로는 둘 모두 남성 중심 사회 질서에 대한 봉기적인 행위가 된다. 그러나 셰익스피어는 젊은이에게서 보이는 과도한 성욕과 그것의 위험을 검은 여인에게 투영함으로써 젊은이를 이상화하려는 전략을 고수하며, 신분의 차이와 성의 차이 따위를 유지하려 노력한다. 검은 여인의 성욕이 악마적인 것으로, 무질서한 것으로 부정되는 것은 그러므로 남성이 대면하기 두려워하는 내면의 〈타자〉에 대한 거리 두기 전략의 결과인 것이다.

　시인을 사이에 두고 거듭해서 배신과 변절을 거듭하는 젊은이와 검은 여인은 낮을 밤으로, 밤을 낮으로 바꾸는 시인의 잠 못 이루는 상상력이 만들어 낸 가공물들이다. 이들의 변절과 변신은 흥미롭게도 언어의 속성이기도 하다. 시의 언어가 넓은 의미의 은유를 축으로 이루어진 것이라면, 이 은유란 바로 기존의 의미에 대한 배신이요 변절이다. 오셀로가 데스데모나를의 정조를 의심하며 〈그녀는 돌고 또 돌지요〉라고 말하듯이, 하나의 사물 혹은 현상이 하나의 기표나 언어에 온전하게 얽매여 있다면 과연 비유의 언어가 가능하며, 비유에 기대는 시의 발전이 가능할까? 셰익스피어의 비유를 빌리자면 비유는 뒤집어서 사용할 수도 있는 양가죽 장갑과 같은 것인데, 이 겉과 속이 비슷하면서도 다른 이중 장갑은 바람난 여인처럼 스스로를 배반하는 속성이 있어 사람들의 관심을 끈다는 가치가 있다. 〈바람피우다〉는 표현이 일탈과 비상의 욕망을 의미하듯이, 비유는 욕망 안의 결핍을 전제로 해서 이 욕망을 채우려는 욕망을 매개한다. 시인의 머릿속에서 끝없이 계속되고 있는 젊은이와 검은 여인을 상대로 한 전쟁은 이 채워지지 않는 욕망을 상징함과 동시에 아이러니하게도 이 욕망을 증폭한다. 시인이 마지막 153번과 154번 소네트에서 여인의 〈눈eye〉이 지핀 불꽃이 시든 자신의 욕망을 다시 살려 그 여인의 눈, 자궁, 심연이 시인 자신이 되었다고 실토하듯이 성적 욕망은 여인으로부터 시인에게로 옮겨 시인의 정체성(일인칭 대명사 *I*)을 회복시켜 준다. 그 욕망으로 인해서 시인의 지팡이는 불이 붙고, 그 불은 근처 샘을 온통 온천으로 변화시킬 만큼 〈강한 매력〉으로 작용한다. 이곳의 불 막대는 시인의 성기뿐만 아니라 시인의 펜을, 들끓는 온천으로 변한 샘과 개울은 시인의 잉크를 의미함으로써, 여인의 눈이 발산한 불꽃의 욕망이 시인의 원기를 회복시키고 그의 심장을 달궈 불붙은 성기와 펜으로 시를 쓰게 하는 힘으로 변화함을 알 수 있다. 시인의 열기가 퍼진 온천에 스스로를 흠뻑 담금으로써 독자들은 육신과 마음의 질병을 치료할 수 있다고 시인은 말하고 있는데, 『소네트집』의 잠재적인 독자들은 시인의 욕망에 빠져듦으로써 그 욕망을 대리 체험하고 영혼과 육신을 정화하는 만족을 얻게 될 것이다.

셰익스피어는 『소네트집』에서 젊은이와 검은 여인을 자신의 영혼을 차지하려고 싸우는 선한 천사와 악한 천사로 의인화하여 이들이 실재하는 인물이라기보다는 자신의 상상력이 만들어 낸 가공물임을 은연중에 강조함으로써 시인 자신을 포함한 이들 두 인물들이 실상은 일탈을 꾀하는 비유 언어임을 보여 준다. 〈바람피우는〉 이들 언어들은 기존의 언어 형식과 의미에 대한 변화와 파괴를 통해서, 소네트라는 연애시 쓰기의 과정에 대한 시신의 성찰을 보여 준다. 시인은 계속해서 진부해진 페트라르카풍의 소네트 언어를 어떻게 다시 새롭게 할까 고민하는데, 조미료가 잔뜩 쳐진 기존의 언어를 새롭게 하는 시인의 방식은 다시 그 인공 조미료 혹은 화장을 거둬 내는 것이다. 시인의 말처럼 기존의 비유를 거부하는 것 자체가 새로운 비유 언어의 창조로 이어진다. 기존 원곡에 가해진 조그만 폭력, 배신이 새로운 입맛을 자극하듯이 시인의 언어는 기존 언어를 변주함으로써 다소 진부해진 소네트 형식의 연애시에 〈강한 매력〉을 불어넣는다. 시인은 기존의 언어 형식과 내용을 답습하는 것을 근친상간 혹은 자식을 생산하지 못하는 소모적이고 무익한 욕망에, 원금과 이자의 관계를 변태적인 성관계로 간주하는 고리대금업 등에 비유하여 경계하고 회피하고자 한다. 『소네트집』과 비슷한 시기에 쓰인 초기 희극 「사랑의 헛수고Love's Labour's Lost」에서 셰익스피어가 관습적인 소네트를 희화화하는 데서 알 수 있듯이 그는 소네트의 관습적인 장치와 내용을 〈하늘 높은 나뭇가지에 숨은〉 바이런처럼 거리를 두고 즐기며 실험하고 있다. 「사랑의 헛수고」와 마찬가지로 『소네트집』 역시 그의 기지, 기상의 산물이며 일종의 언어 게임이다. 따라서 여기서 그의 전기적 경험이나 관계를 찾는 것은 무익한 열정이며, 자위행위처럼 자식을 생산하지 못하는 〈정신의 소모〉나 마찬가지이다. 『소네트집』은 셰익스피어의 기지에 찬 상상력이 만들어 낸 언어의 잔치이기 때문이다. 독자들은 이 잔치에 참여하는 손님들로, 게걸스러운 시간의 아가리에서 잠시나마 벗어나서 말의 성찬을 즐길 수 있을 것이다.

역자에게 번역은 항상 이삿짐 꾸리는 일 같다. 우리 속담에 〈이사가 폐사〉라는 말이 생긴 것도, 꾸리다 보면 버릴 것이 많아지기 때문이리라. 시인이 자신의 정서와 사상을 비유적인 언어에 실어 독자에게 옮겨 주듯이 번역 역시 항구에서 항구로 이동하는 일종의 교역이다. 여기서 교역이라 함은 〈부지런 떤다〉는 의미를 함축하고 있는데, 부지런 떠는 가운데 일종의 자기 타협이 이뤄진다. 마냥 옮겨 다닐 수만은 없어

적당한 항구에 정박해야하는 것이 번역이고 교역이다. 라틴어에서 〈비유〉를 뜻하는 단어가 동시에 〈번역〉을 뜻하는 것도 우연이 아닐 것이다. 크게 보면 번역은 비유이고 시의 경우 시인의 비유를 다시 옮겨 적는 일이기 때문이다. 시인에게 비유가 주된 언어이듯이 번역 역시 〈장소를 옮기다〉, 〈이탈하다〉라는 뜻을 지니고 있으므로 일종의 이사라는 것이 더더욱 실감 난다. 그런데 중심에서 멀어질수록 원래의 향기가 사라지며 원래의 밝기를 흐리는 그림자가 길어지는 법이다. 밖으로 도는 일탈이 클수록 고향 상실의 허전함도 커지고 떠나온 원래의 지점을 그리워하게 된다. 그런데 문제는 과연 원래의 고향, 그림자 없는 투명한 밝음이 과연 존재하는 것일까 하는 의문이다. 니체의 말처럼 언어가 처음부터 비유의 기동군이라면 원래의 의미를 찾는 것 자체가 불가능할뿐더러 무익한 일이기 때문이다.

  독자의 자유로운 상상과 해석의 여지를 방해하지 않기 위해 가능한 한 직역을 하려 했지만, 본질적으로 직역은 존재할 수 없다. 해석이 수반되지 않는 번역이란 불가능하기 때문이다. 셰익스피어의 시어가 갖고 있는 다의성은 번역의 경우 선택적으로 줄어들 수밖에 없는데, 이때에 어떤 형태로든 역자의 해석이 알게 모르게 끼어들기 마련이다. 이번에 셰익스피어의 『소네트집』 번역에서 역자가 시도한 것도 결국은 이 해석 번역에서 벗어날 수 없었음을 고백한다. 독자들의 해석이 여기에 더해진다면 시간을 이겨 내는 이 『소네트집』의 기념비는 독자들의 기억 속에서 더욱 오래 자리할 것이고,

자손을 바라는 어버이처럼 증식할 것이다.

역자의 졸역을 꼼꼼하게 읽어 준 한국외국어대학교 대학원의 최윤영 조교와 〈열린책들〉 편집부에 감사의 뜻을 전한다. 이번 번역에 아름답게 읽힌다는 미덕이 있다면, 이분들의 공이 크다.

박우수

윌리엄 셰익스피어 연보

1558년 엘리자베스 1세 등극.

1564년 출생 영국 스트랫퍼드어폰에이번에서 부유한 상인인 존 셰익스피어John Shakespeare와 메리 아든Mary Arden의 셋째 아이이자 장남으로 윌리엄 셰익스피어William Shakespeare 태어남. 4월 26일 세례를 받음. 동료 작가 크리스토퍼 말로Christopher Marlowe도 이해에 태어남.

1573년 9세 후에 사우샘프턴 백작Earl of Southampton이 되어 셰익스피어를 후원하는 헨리 리즐리Henry Wriothesley 태어남.

1576년 12세 영국 최초의 공공 극장인 〈씨어터 극장The Theatre〉이 건립됨.

1582년 18세 여덟 살 연상인 앤 해서웨이Anne Hathaway와 결혼.

1583년 19세 장녀 수잔나Susanna 태어남. 5월 26일 세례를 받음.

1585년 21세 쌍둥이 아들 햄닛Hamnet과 딸 주디스Judith 태어남.

1587년 23세 영국으로 망명와 있던 스코틀랜드의 메리 여왕Mary Stuart이 반란 혐의로 처형됨.

1588년 24세 프랜시스 드레이크 경Sir Francis Drake이 스페인의 무적함대인 아마다Armada를 무찌름.

1589년 25세 「헨리 6세Henry VI」 제1부 집필.

1590~1591년 26~27세 「헨리 6세」 제2부와 제3부 집필.

1592년 28세 극작가 로버트 그린Robert Greene이 〈많은 후회로 얻은 서푼짜리 기지A Groatsworth of Wit bought with a Million of Repentance〉라는 제목의 팸플릿에서 셰익스피어의 유명세를 비난함. 런던에 흑사병이 창궐하여 7월부터 1594년 6월까지 극장 폐쇄. 극단들은 지방 순회공연을 다님. 「리처드 3세Richard III」, 시집 『비너스와 아도니스Venus and Adonis』, 「실수 희극The Comedy of Errors」 집필.

1593년 29세 후원자인 사우샘프턴 백작에게 헌정한 『비너스와 아도니스』 출간. 「타이터스 앤드로니커스Titus Andronicus」, 「말괄량이 길들이기The Taming of the Shrew」 집필.

1594년 30세 시집 『루크리스의 겁탈The Rape of Lucrece』 출간, 역시 사우샘프턴 백작에게 헌정함. 「베로나의 두 신사Two Gentlemen of Verona」, 「사랑의 헛수고Lover's Labour's Lost」, 「존 왕King John」 집필. 여왕의 전의(典醫)인 로페즈Rodrigo López가 여왕 독살 혐의로 처형됨. 〈궁내 장관 극단The Chamberlain's Men〉이 창설됨.

1595년 31세 「리처드 2세Richard II」, 「로미오와 줄리엣Romeo and Juliet」, 「한여름 밤의 꿈A Midsummer Night's Dream」 집필.

1596년 32세 아버지 존 셰익스피어가 문장(紋章) 사용을 허가받아 〈신사〉로 서명할 수 있게 됨. 아들 햄닛이 사망함. 「베니스의 상인The Merchant of Venice」과 「헨리 4세Henry IV」 제1부 집필.

1597년 33세 스트랫퍼드의 대저택 뉴플레이스를 매입함. 「윈저의 즐거운 아낙네들Merry Wives of Windsor」 집필. 〈글로브 극장The Globe〉 설립.

1598년 34세 「헨리 4세」 제2부, 「헛소동Much Ado About Nothing」 집필.

1599년 35세 「헨리 5세Henry V」, 「줄리어스 시저Julius Caesar」, 「좋

으실 대로As You Like It」 집필. 에섹스 백작The Earl of Essex이 아일랜드 평정에 실패한 후 여왕의 명에 반하여 귀국했다가 연금됨. 풍자물 출판 금지령이 선포됨.

1600년 ³⁶세 「햄릿Hamlet」 집필.

1601년 ³⁷세 1600년에 석방된 에섹스 백작이 쿠데타를 일으키기 전날 밤 「리처드 2세Richard II」의 공연을 요청함. 쿠데타 후 에섹스 백작은 반란죄로 처형되고 셰익스피어의 후원자인 사우샘프턴 백작도 이 반란에 연루되어 수감됨. 「십이야Twelfth Night」, 「트로일로스와 크레시다Troilus and Cressida」 집필.

1602년 ³⁸세 「끝이 좋으면 다 좋아All's Well That Ends Well」 집필.

1603년 ³⁹세 엘리자베스 1세 사망. 스코틀랜드의 제임스 6세가 제임스 1세로 등극하여 스튜어트 왕조 시작. 〈궁내 장관 극단〉의 명칭이 〈왕의 극단King's Men〉으로 바뀜.

1604년 ⁴⁰세 「자에는 자로Measure for Measure」, 「오셀로Othello」 집필.

1605년 ⁴¹세 「리어 왕King Lear」 집필. 11월 5일 제임스 1세의 가톨릭 박해 정책에 항거하여 영국에서 가톨릭교도들이 의사당 지하실에 화약을 묻어 놓고 제임스 1세의 가족과 대신, 의원들을 죽이려 한 이른바 〈화약 음모 사건Gunpowder Plot〉이 발생함.

1606년 ⁴²세 화약 음모 사건의 주동자인 포크스Guido Fawkes와 예수회 신부 가네트Henry Garnet가 처형됨. 「맥베스Macbeth」, 「안토니와 클레오파트라Antony and Cleopatra」 집필.

1607년 ⁴³세 「코리오레이너스Coriolanus」, 「아테네의 타이먼Timon of Athens」, 「페리클레스Pericles」 집필.

1609년 ⁴⁵세 「심벌린Cymbelin」 집필. 『소네트집Sonnets』 출간.

1610년 ⁴⁶세 「겨울 이야기Winter's Tale」 집필.

1611년 47세 「태풍Tempest」 집필.

1612년 48세 존 플레처John Fletcher와 함께 「헨리 8세Henry VIII」 집필.

1613년 49세 존 플레처와 「고결한 두 친척The Two Noble Kinsmen」 집필. 「헨리 8세」 공연 중 화재로 글로브 극장이 소실됨.

1614년 50세 글로브 극장 재개관.

1616년 52세 딸 주디스 결혼. 4월 23일 윌리엄 셰익스피어 사망.

1623년 셰익스피어의 아내 앤 해서웨이 사망. 존 헤밍John Heminges과 헨리 콘델Henry Condell에 의해 36개의 극이 수록된 최초의 극전집 『제1이절판*The First Folio*』 출간.

열린책들 세계문학 190 소네트집

옮긴이 박우수 한국외국어대학교 영어과를 졸업하고 서울대학교 대학원 영어영문학과에서 문학 박사 학위를 받았다. 충북대학교 영어영문학과 교수를 지내고 현재 한국외국어대학교 영어과 교수로 재직 중이다. 지은 책으로 『셰익스피어와 인간의 확장』, 『종교개혁과 르네상스 영문학』, 『수사학과 말의 힘』, 『수사적 인간』 등이 있고, 옮긴 책으로 『포스터스 박사의 비극』, 『수사학의 철학』, 『인문과학의 수사학』(공역), 『베니스의 상인』, 『안티고네』, 『새로운 인생』, 『햄릿』, 『리어 왕』, 『리처드 2세』 등이 있다.

지은이 윌리엄 셰익스피어 **옮긴이** 박우수 **발행인** 홍예빈·홍유진
발행처 주식회사 열린책들 **주소** 경기도 파주시 문발로 253 파주출판도시
전화 031-955-4000 **팩스** 031-955-4004 **홈페이지** www.openbooks.co.kr
Copyright (C) 주식회사 열린책들, 2011, *Printed in Korea.*
ISBN 978-89-329-1190-8 04840 **ISBN** 978-89-329-1499-2 (세트)
발행일 2011년 11월 15일 세계문학판 1쇄 2024년 1월 10일 세계문학판 8쇄

이 도서의 국립중앙도서관 출판예정도서목록(CIP)은 서지정보유통지원시스템 홈페이지(http://seoji.nl.go.kr)와 국가자료공동목록시스템(http://www.nl.go.kr/kolisnet)에서 이용하실 수 있습니다.(CIP제어번호: CIP2011004752)

열린책들 세계문학
Open Books World Literature

001 **죄와 벌** 표도르 도스토옙스키 장편소설 | 홍대화 옮김 | 전2권 | 각 408, 512면

003 **최초의 인간** 알베르 카뮈 장편소설 | 김화영 옮김 | 392면

004 **소설** 제임스 미치너 장편소설 | 윤희기 옮김 | 전2권 | 각 280, 368면

006 **개를 데리고 다니는 부인** 안똔 체호프 소설선집 | 오종우 옮김 | 368면

007 **우주 만화** 이탈로 칼비노 단편집 | 김운찬 옮김 | 424면

008 **댈러웨이 부인** 버지니아 울프 장편소설 | 최애리 옮김 | 296면

009 **어머니** 막심 고리끼 장편소설 | 최윤락 옮김 | 544면

010 **변신** 프란츠 카프카 중단편집 | 홍성광 옮김 | 464면

011 **전도서에 바치는 장미** 로저 젤라즈니 중단편집 | 김상훈 옮김 | 432면

012 **대위의 딸** 알렉산드르 뿌쉬낀 장편소설 | 석영중 옮김 | 240면

013 **바다의 침묵** 베르코르 소설선집 | 이상해 옮김 | 256면

014 **원수들, 사랑 이야기** 아이작 싱어 장편소설 | 김진준 옮김 | 320면

015 **백치** 표도르 도스토옙스키 장편소설 | 김근식 옮김 | 전2권 | 각 504, 528면

017 **1984년** 조지 오웰 장편소설 | 박경서 옮김 | 392면

019 **이상한 나라의 앨리스** 루이스 캐럴 환상동화 | 머빈 피크 그림 | 최용준 옮김 | 336면

020 **베네치아에서의 죽음** 토마스 만 중단편집 | 홍성광 옮김 | 432면

021 **그리스인 조르바** 니코스 카잔차키스 장편소설 | 이윤기 옮김 | 488면

022 **벚꽃 동산** 안똔 체호프 희곡선집 | 오종우 옮김 | 336면

023 **연애 소설 읽는 노인** 루이스 세풀베다 장편소설 | 정창 옮김 | 192면

024 **젊은 사자들** 어윈 쇼 장편소설 | 정영문 옮김 | 전2권 | 각 416, 408면

026 **젊은 베르테르의 슬픔** 요한 볼프강 폰 괴테 장편소설 | 김인순 옮김 | 240면

027 **시라노** 에드몽 로스탕 희곡 | 이상해 옮김 | 256면

028 **전망 좋은 방** E. M. 포스터 장편소설 | 고정아 옮김 | 352면

029 **까라마조프 씨네 형제들** 표도르 도스토옙스키 장편소설 | 이대우 옮김 | 전3권 | 각 496, 496, 460면

032 **프랑스 중위의 여자** 존 파울즈 장편소설 | 김석희 옮김 | 전2권 | 각 344면

034 **소립자** 미셸 우엘벡 장편소설 | 이세욱 옮김 | 448면

035 **영혼의 자서전** 니코스 카잔차키스 자서전 | 안정효 옮김 | 전2권 | 각 352, 408면

037 **우리들** 예브게니 자먀찐 장편소설 | 석영중 옮김 | 320면
038 **뉴욕 3부작** 폴 오스터 장편소설 | 황보석 옮김 | 480면
039 **닥터 지바고** 보리스 파스테르나크 장편소설 | 홍대화 옮김 | 전2권 | 각 480, 592면
041 **고리오 영감** 오노레 드 발자크 장편소설 | 임희근 옮김 | 456면
042 **뿌리** 알렉스 헤일리 장편소설 | 안정효 옮김 | 전2권 | 각 400, 448면
044 **백년보다 긴 하루** 친기즈 아이뜨마또프 장편소설 | 황보석 옮김 | 560면
045 **최후의 세계** 크리스토프 란스마이어 장편소설 | 장희권 옮김 | 264면
046 **추운 나라에서 돌아온 스파이** 존 르카레 장편소설 | 김석희 옮김 | 368면
047 **산도칸 – 몸프라쳄의 호랑이** 에밀리오 살가리 장편소설 | 유향란 옮김 | 428면
048 **기적의 시대** 보리슬라프 페키치 장편소설 | 이윤기 옮김 | 560면
049 **그리고 죽음** 짐 크레이스 장편소설 | 김석희 옮김 | 224면
050 **세설** 다니자키 준이치로 장편소설 | 송태욱 옮김 | 전2권 | 각 480면
052 **세상이 끝날 때까지 아직 10억 년** 스뜨루가츠끼 형제 장편소설 | 석영중 옮김 | 224면
053 **동물 농장** 조지 오웰 장편소설 | 박경서 옮김 | 208면
054 **캉디드 혹은 낙관주의** 볼테르 장편소설 | 이봉지 옮김 | 232면
055 **도적 떼** 프리드리히 폰 실러 희곡 | 김인순 옮김 | 264면
056 **플로베르의 앵무새** 줄리언 반스 장편소설 | 신재실 옮김 | 320면
057 **악령** 표도르 도스토옙스키 장편소설 | 박혜경 옮김 | 전3권 | 각 328, 408, 528면
060 **의심스러운 싸움** 존 스타인벡 장편소설 | 윤희기 옮김 | 340면
061 **몽유병자들** 헤르만 브로흐 장편소설 | 김경연 옮김 | 전2권 | 각 568, 544면
063 **몰타의 매** 대실 해밋 장편소설 | 고정아 옮김 | 304면
064 **마야꼬프스끼 선집** 블라지미르 마야꼬프스끼 선집 | 석영중 옮김 | 384면
065 **드라큘라** 브램 스토커 장편소설 | 이세욱 옮김 | 전2권 | 각 340, 344면
067 **서부 전선 이상 없다** 에리히 마리아 레마르크 장편소설 | 홍성광 옮김 | 336면
068 **적과 흑** 스탕달 장편소설 | 임미경 옮김 | 전2권 | 각 432, 368면
070 **지상에서 영원으로** 제임스 존스 장편소설 | 이종인 옮김 | 전3권 | 각 396, 380, 496면
073 **파우스트** 요한 볼프강 폰 괴테 희곡 | 김인순 옮김 | 568면
074 **쾌걸 조로** 존스턴 매컬리 장편소설 | 김훈 옮김 | 316면
075 **거장과 마르가리따** 미하일 불가꼬프 장편소설 | 홍대화 옮김 | 전2권 | 각 364, 328면
077 **순수의 시대** 이디스 워튼 장편소설 | 고정아 옮김 | 448면
078 **검의 대가** 아르투로 페레스 레베르테 장편소설 | 김수진 옮김 | 384면

079 **예브게니 오네긴** 알렉산드르 뿌쉬낀 운문소설 | 석영중 옮김 | 328면

080 **장미의 이름** 움베르토 에코 장편소설 | 이윤기 옮김 | 전2권 | 각 440, 448면

082 **향수** 파트리크 쥐스킨트 장편소설 | 강명순 옮김 | 384면

083 **여자를 안다는 것** 아모스 오즈 장편소설 | 최창모 옮김 | 280면

084 **나는 고양이로소이다** 나쓰메 소세키 장편소설 | 김난주 옮김 | 544면

085 **웃는 남자** 빅토르 위고 장편소설 | 이형식 옮김 | 전2권 | 각 472, 496면

087 **아웃 오브 아프리카** 카렌 블릭센 장편소설 | 민승남 옮김 | 480면

088 **무엇을 할 것인가** 니꼴라이 체르니셰프스끼 장편소설 | 서정록 옮김 | 전2권 | 각 360, 404면

090 **도나 플로르와 그녀의 두 남편** 조르지 아마두 장편소설 | 오숙은 옮김 | 전2권 | 각 408, 308면

092 **미사고의 숲** 로버트 홀드스톡 장편소설 | 김상훈 옮김 | 424면

093 **신곡** 단테 알리기에리 장편서사시 | 김운찬 옮김 | 전3권 | 각 292, 296, 328면

096 **교수** 샬럿 브론테 장편소설 | 배미영 옮김 | 368면

097 **노름꾼** 표도르 도스토옙스키 장편소설 | 이재필 옮김 | 320면

098 **하워즈 엔드** E. M. 포스터 장편소설 | 고정아 옮김 | 512면

099 **최후의 유혹** 니코스 카잔차키스 장편소설 | 안정효 옮김 | 전2권 | 각 408면

101 **키리냐가** 마이크 레스닉 장편소설 | 최용준 옮김 | 464면

102 **바스커빌가의 개** 아서 코넌 도일 장편소설 | 조영학 옮김 | 264면

103 **버마 시절** 조지 오웰 장편소설 | 박경서 옮김 | 408면

104 **10 1/2장으로 쓴 세계 역사** 줄리언 반스 장편소설 | 신재실 옮김 | 464면

105 **죽음의 집의 기록** 표도르 도스토옙스키 장편소설 | 이덕형 옮김 | 528면

106 **소유** 앤토니어 수전 바이어트 장편소설 | 윤희기 옮김 | 전2권 | 각 440, 488면

108 **미성년** 표도르 도스토옙스키 장편소설 | 이상룡 옮김 | 전2권 | 각 512, 544면

110 **성 앙투안느의 유혹** 귀스타브 플로베르 희곡소설 | 김용은 옮김 | 584면

111 **밤으로의 긴 여로** 유진 오닐 희곡 | 강유나 옮김 | 240면

112 **마법사** 존 파울즈 장편소설 | 정영문 옮김 | 전2권 | 각 512, 552면

114 **스쩨빤치꼬보 마을 사람들** 표도르 도스토옙스키 장편소설 | 변현태 옮김 | 416면

115 **플랑드르 거장의 그림** 아르투로 페레스 레베르테 장편소설 | 정창 옮김 | 512면

116 **분신** 표도르 도스토옙스키 장편소설 | 석영중 옮김 | 288면

117 **가난한 사람들** 표도르 도스토옙스키 장편소설 | 석영중 옮김 | 256면

118 **인형의 집** 헨리크 입센 희곡 | 김창화 옮김 | 272면

119 **영원한 남편** 표도르 도스토옙스키 장편소설 | 정명자 외 옮김 | 448면

120 **알코올** 기욤 아폴리네르 시집 | 황현산 옮김 | 352면

121 **지하로부터의 수기** 표도르 도스토옙스키 장편소설 | 계동준 옮김 | 256면

122 **어느 작가의 오후** 페터 한트케 중편소설 | 홍성광 옮김 | 160면

123 **아저씨의 꿈** 표도르 도스토옙스키 장편소설 | 박종소 옮김 | 312면

124 **네또츠까 네즈바노바** 표도르 도스토옙스키 장편소설 | 박재만 옮김 | 316면

125 **곤두박질** 마이클 프레인 장편소설 | 최용준 옮김 | 528면

126 **백야 외** 표도르 도스토옙스키 소설선집 | 석영중 외 옮김 | 408면

127 **살라미나의 병사들** 하비에르 세르카스 장편소설 | 김창민 옮김 | 304면

128 **뻬쩨르부르그 연대기 외** 표도르 도스토옙스키 소설선집 | 이항재 옮김 | 296면

129 **상처받은 사람들** 표도르 도스토옙스키 장편소설 | 윤우섭 옮김 | 전2권 | 각 296, 392면

131 **악어 외** 표도르 도스토옙스키 소설선집 | 박혜경 외 옮김 | 312면

132 **허클베리 핀의 모험** 마크 트웨인 장편소설 | 윤교찬 옮김 | 416면

133 **부활** 레프 똘스또이 장편소설 | 이대우 옮김 | 전2권 | 각 308, 416면

135 **보물섬** 로버트 루이스 스티븐슨 장편소설 | 머빈 피크 그림 | 최용준 옮김 | 360면

136 **천일야화** 앙투안 갈랑 엮음 | 임호경 옮김 | 전6권 | 각 336, 328, 372, 392, 344, 320면

142 **아버지와 아들** 이반 뚜르게네프 장편소설 | 이상원 옮김 | 328면

143 **오만과 편견** 제인 오스틴 장편소설 | 원유경 옮김 | 480면

144 **천로 역정** 존 버니언 우화소설 | 이동일 옮김 | 432면

145 **대주교에게 죽음이 오다** 윌라 캐더 장편소설 | 윤명옥 옮김 | 352면

146 **권력과 영광** 그레이엄 그린 장편소설 | 김연수 옮김 | 384면

147 **80일간의 세계 일주** 쥘 베른 장편소설 | 고정아 옮김 | 352면

148 **바람과 함께 사라지다** 마거릿 미첼 장편소설 | 안정효 옮김 | 전3권 | 각 616, 640, 640면

151 **기탄잘리** 라빈드라나트 타고르 시집 | 장경렬 옮김 | 224면

152 **도리언 그레이의 초상** 오스카 와일드 장편소설 | 윤희기 옮김 | 384면

153 **레우코와의 대화** 체사레 파베세 희곡소설 | 김운찬 옮김 | 280면

154 **햄릿** 윌리엄 셰익스피어 희곡 | 박우수 옮김 | 256면

155 **맥베스** 윌리엄 셰익스피어 희곡 | 권오숙 옮김 | 176면

156 **아들과 연인** 데이비드 허버트 로런스 장편소설 | 최희섭 옮김 | 전2권 | 각 464, 432면

158 **그리고 아무 말도 하지 않았다** 하인리히 뵐 장편소설 | 홍성광 옮김 | 272면

159 **미덕의 불운** 싸드 장편소설 | 이형식 옮김 | 248면

160 **프랑켄슈타인** 메리 W. 셸리 장편소설 | 오숙은 옮김 | 320면

161 **위대한 개츠비** 프랜시스 스콧 피츠제럴드 장편소설 | 한애경 옮김 | 280면

162 **아Q정전** 루쉰 중단편집 | 김태성 옮김 | 320면

163 **로빈슨 크루소** 대니얼 디포 장편소설 | 류경희 옮김 | 456면

164 **타임머신** 허버트 조지 웰스 소설선집 | 김석희 옮김 | 304면

165 **제인 에어** 샬럿 브론테 장편소설 | 이미선 옮김 | 전2권 | 각 392, 384면

167 **풀잎** 월트 휘트먼 시집 | 허현숙 옮김 | 280면

168 **표류자들의 집** 기예르모 로살레스 장편소설 | 최유정 옮김 | 216면

169 **배빗** 싱클레어 루이스 장편소설 | 이종인 옮김 | 520면

170 **이토록 긴 편지** 마리아마 바 장편소설 | 백선희 옮김 | 192면

171 **느릅나무 아래 욕망** 유진 오닐 희곡 | 손동호 옮김 | 168면

172 **이방인** 알베르 카뮈 장편소설 | 김예령 옮김 | 208면

173 **미라마르** 나기브 마푸즈 장편소설 | 허진 옮김 | 288면

174 **지킬 박사와 하이드 씨** 로버트 루이스 스티븐슨 소설선집 | 조영학 옮김 | 320면

175 **루진** 이반 뚜르게네프 장편소설 | 이항재 옮김 | 264면

176 **피그말리온** 조지 버나드 쇼 희곡 | 김소임 옮김 | 256면

177 **목로주점** 에밀 졸라 장편소설 | 유기환 옮김 | 전2권 | 각 336면

179 **엠마** 제인 오스틴 장편소설 | 이미애 옮김 | 전2권 | 각 336, 360면

181 **비숍 살인 사건** S. S. 밴 다인 장편소설 | 최인자 옮김 | 464면

182 **우신예찬** 에라스무스 풍자문 | 김남우 옮김 | 296면

183 **하자르 사전** 밀로라드 파비치 장편소설 | 신현철 옮김 | 488면

184 **테스** 토머스 하디 장편소설 | 김문숙 옮김 | 전2권 | 각 392, 336면

186 **투명 인간** 허버트 조지 웰스 장편소설 | 김석희 옮김 | 288면

187 **93년** 빅토르 위고 장편소설 | 이형식 옮김 | 전2권 | 각 288, 360면

189 **젊은 예술가의 초상** 제임스 조이스 장편소설 | 성은애 옮김 | 384면

190 **소네트집** 윌리엄 셰익스피어 연작시집 | 박우수 옮김 | 200면

191 **메뚜기의 날** 너새니얼 웨스트 장편소설 | 김진준 옮김 | 280면

192 **나사의 회전** 헨리 제임스 중편소설 | 이승은 옮김 | 256면

193 **오셀로** 윌리엄 셰익스피어 희곡 | 권오숙 옮김 | 216면

194 **소송** 프란츠 카프카 장편소설 | 김재혁 옮김 | 376면

195 **나의 안토니아** 윌라 캐더 장편소설 | 전경자 옮김 | 368면

196 **자성록** 마르쿠스 아우렐리우스 명상록 | 박민수 옮김 | 240면

197 **오레스테이아** 아이스킬로스 비극 | 두행숙 옮김 | 336면
198 **노인과 바다** 어니스트 헤밍웨이 소설선집 | 이종인 옮김 | 320면
199 **무기여 잘 있거라** 어니스트 헤밍웨이 장편소설 | 이종인 옮김 | 464면
200 **서푼짜리 오페라** 베르톨트 브레히트 희곡선집 | 이은희 옮김 | 320면
201 **리어 왕** 윌리엄 셰익스피어 희곡 | 박우수 옮김 | 224면
202 **주홍 글자** 너새니얼 호손 장편소설 | 곽영미 옮김 | 360면
203 **모히칸족의 최후** 제임스 페니모어 쿠퍼 장편소설 | 이나경 옮김 | 512면
204 **곤충 극장** 카렐 차페크 희곡선집 | 김선형 옮김 | 360면
205 **누구를 위하여 종은 울리나** 어니스트 헤밍웨이 장편소설 | 이종인 옮김 | 전2권 | 각 416, 400면
207 **타르튀프** 몰리에르 희곡선집 | 신은영 옮김 | 416면
208 **유토피아** 토머스 모어 소설 | 전경자 옮김 | 288면
209 **인간과 초인** 조지 버나드 쇼 희곡 | 이후지 옮김 | 320면
210 **페드르와 이폴리트** 장 라신 희곡 | 신정아 옮김 | 200면
211 **말테의 수기** 라이너 마리아 릴케 장편소설 | 안문영 옮김 | 320면
212 **등대로** 버지니아 울프 장편소설 | 최애리 옮김 | 328면
213 **개의 심장** 미하일 불가꼬프 중편소설집 | 정연호 옮김 | 352면
214 **모비 딕** 허먼 멜빌 장편소설 | 강수정 옮김 | 전2권 | 각 464, 488면
216 **더블린 사람들** 제임스 조이스 단편소설집 | 이강훈 옮김 | 336면
217 **마의 산** 토마스 만 장편소설 | 윤순식 옮김 | 전3권 | 각 496, 488, 512면
220 **비극의 탄생** 프리드리히 니체 | 김남우 옮김 | 320면
221 **위대한 유산** 찰스 디킨스 장편소설 | 류경희 옮김 | 전2권 | 각 432, 448면
223 **사람은 무엇으로 사는가** 레프 똘스또이 소설선집 | 윤새라 옮김 | 464면
224 **자살 클럽** 로버트 루이스 스티븐슨 소설선집 | 임종기 옮김 | 272면
225 **채털리 부인의 연인** 데이비드 허버트 로런스 장편소설 | 이미선 옮김 | 전2권 | 각 336, 328면
227 **데미안** 헤르만 헤세 장편소설 | 김인순 옮김 | 264면
228 **두이노의 비가** 라이너 마리아 릴케 시선집 | 손재준 옮김 | 504면
229 **페스트** 알베르 카뮈 장편소설 | 최윤주 옮김 | 432면
230 **여인의 초상** 헨리 제임스 장편소설 | 정상준 옮김 | 전2권 | 각 520, 544면
232 **성** 프란츠 카프카 장편소설 | 이재황 옮김 | 560면
233 **차라투스트라는 이렇게 말했다** 프리드리히 니체 산문시 | 김인순 옮김 | 464면
234 **노래의 책** 하인리히 하이네 시집 | 이재영 옮김 | 384면

235 **변신 이야기** 오비디우스 서사시 | 이종인 옮김 | 632면

236 **안나 까레니나** 레프 똘스또이 장편소설 | 이명현 옮김 | 전2권 | 각 800, 736면

238 **이반 일리치의 죽음·광인의 수기** 레프 똘스또이 중단편집 | 석영중·정지원 옮김 | 232면

239 **수레바퀴 아래서** 헤르만 헤세 장편소설 | 강명순 옮김 | 272면

240 **피터 팬** J. M. 배리 장편소설 | 최용준 옮김 | 272면

241 **정글 북** 러디어드 키플링 중단편집 | 오숙은 옮김 | 272면

242 **한여름 밤의 꿈** 윌리엄 셰익스피어 희곡 | 박우수 옮김 | 160면

243 **좁은 문** 앙드레 지드 장편소설 | 김화영 옮김 | 264면

244 **모리스** E. M. 포스터 장편소설 | 고정아 옮김 | 408면

245 **브라운 신부의 순진** 길버트 키스 체스터턴 단편집 | 이상원 옮김 | 336면

246 **각성** 케이트 쇼팽 장편소설 | 한애경 옮김 | 272면

247 **뷔히너 전집** 게오르크 뷔히너 지음 | 박종대 옮김 | 400면

248 **디미트리오스의 가면** 에릭 앰블러 장편소설 | 최용준 옮김 | 424면

249 **베르가모의 페스트 외** 옌스 페테르 야콥센 중단편 전집 | 박종대 옮김 | 208면

250 **폭풍우** 윌리엄 셰익스피어 희곡 | 박우수 옮김 | 176면

251 **어센든, 영국 정보부 요원** 서머싯 몸 연작 소설집 | 이민아 옮김 | 416면

252 **기나긴 이별** 레이먼드 챈들러 장편소설 | 김진준 옮김 | 600면

253 **인도로 가는 길** E. M. 포스터 장편소설 | 민승남 옮김 | 552면

254 **올랜도** 버지니아 울프 장편소설 | 이미애 옮김 | 376면

255 **시지프 신화** 알베르 카뮈 지음 | 박언주 옮김 | 264면

256 **조지 오웰 산문선** 조지 오웰 지음 | 허진 옮김 | 424면

257 **로미오와 줄리엣** 윌리엄 셰익스피어 희곡 | 도해자 옮김 | 200면

258 **수용소군도** 알렉산드르 솔제니찐 기록문학 | 김학수 옮김 | 전6권 | 각 460면 내외

264 **스웨덴 기사** 레오 페루츠 장편소설 | 강명순 옮김 | 336면

265 **유리 열쇠** 대실 해밋 장편소설 | 홍성영 옮김 | 328면

266 **로드 짐** 조지프 콘래드 장편소설 | 최용준 옮김 | 608면

267 **푸코의 진자** 움베르토 에코 장편소설 | 이윤기 옮김 | 전3권 | 각 392, 384, 416면

270 **공포로의 여행** 에릭 앰블러 장편소설 | 최용준 옮김 | 376면

271 **심판의 날의 거장** 레오 페루츠 장편소설 | 신동화 옮김 | 264면

272 **에드거 앨런 포 단편선** 에드거 앨런 포 지음 | 김석희 옮김 | 392면

273 **수전노 외** 몰리에르 희곡선집 | 신정아 옮김 | 424면

274 **모파상 단편선** 기 드 모파상 지음 | 임미경 옮김 | 400면
275 **평범한 인생** 카렐 차페크 장편소설 | 송순섭 옮김 | 280면
276 **마음** 나쓰메 소세키 장편소설 | 양윤옥 옮김 | 344면
277 **인간 실격·사양** 다자이 오사무 소설집 | 김난주 옮김 | 336면
278 **작은 아씨들** 루이자 메이 올컷 장편소설 | 허진 옮김 | 전2권 | 각 408, 464면
280 **고함과 분노** 윌리엄 포크너 장편소설 | 윤교찬 옮김 | 520면
281 **신화의 시대** 토머스 불핀치 신화집 | 박중서 옮김 | 664면
282 **셜록 홈스의 모험** 아서 코넌 도일 단편집 | 오숙은 옮김 | 456면
283 **자기만의 방** 버지니아 울프 지음 | 공경희 옮김 | 216면
284 **지상의 양식·새 양식** 앙드레 지드 지음 | 최애영 옮김 | 360면
285 **전염병 일지** 대니얼 디포 지음 | 서정은 옮김 | 368면
286 **오이디푸스왕 외** 소포클레스 비극 | 장시은 옮김 | 368면
287 **리처드 2세** 윌리엄 셰익스피어 희곡 | 박우수 옮김 | 208면